아하! 한국어

A-ha! Korean

5

Work Book

숙명여자대학교 한국어교재위원회

- **김경령**
University of Illinois at Urbana Champaign, Ph. D.
숙명여자대학교 한국어문학부 교수
국제언어교육원 한국어교육센터장

- **이홍식**
서울대학교 국어국문학 문학 박사
숙명여자대학교 한국어문학부 교수

- **문금현**
서울대학교 국어국문학 문학 박사
숙명여자대학교 한국어문학부 교수

- **이소영**
숙명여자대학교 한국어문학부 문학 박사
국제언어교육원 한국어교육센터 객원교수

- **엄소연**
숙명여자대학교 한국어문학부 문학 박사 수료
국제언어교육원 한국어교육센터 책임강사

- **오미나**
숙명여자대학교 한국어문학부 문학 박사 수료
국제언어교육원 한국어교육센터 책임강사

- **박재남**
숙명여자대학교 한국어문학부 문학 박사 수료
국제언어교육원 한국어교육센터 책임강사

- **Richard Dubois**
숙명여자대학교 영어영문학부 강의 교수

〈연구보조원〉
박참희 · 이세훈 · 최혜민

- **표지 그림과 삽화: 정효정**

아하! 한국어 5
(Student's Book, Work Book, CD)

지은이 숙명여자대학교 한국어교재위원회
펴낸이 조경희
펴낸곳 경문사
펴낸날 2017년 1월 15일
등 록 1979년 11월 9일 제313-1979-23호
주 소 04057, 서울특별시 마포구 와우산로 174
전 화 (02)332-2004 팩스 (02)336-5193
이메일 kyungmoon@kyungmoon.com

값 25,000원

ISBN 978-89-6105-989-3
ISBN 978-89-6105-498-0(세트)

★ 경문사 홈페이지에 오시면 즐거운 일이 생깁니다.
http://www.kyungmoon.com

아하! 한국어 5

A-ha! Korean

Work Book

숙명여자대학교 한국어교재위원회

KM 경문사

머리말

Preface

아하! 한국어는 숙명여자대학교에서 개발한 한국어 교재 시리즈로 한국어를 배우고자 하는 성인 학습자를 대상으로 한국어 표현 능력과 이해 능력을 증진시키는 것에 목표를 두고 개발하였다.

아하! 한국어는 한국어 교육의 가장 기본이 되는 '한글' 습득 단계 교재를 시작으로 5권의 주교재와 이에 따른 5권의 보조교재, 듣기와 말하기 기능을 보조하는 CD, 각각의 텍스트에서 소개되는 단어를 정리한 단어장 그리고 교사지침서 등으로 구성되었다. 주교재에서는 주제 중심으로 단원을 구성하였고 각각의 대화문은 실생활에서 쉽게 접할 수 있는 상황 및 기능이 제시되었다. 다양한 방법으로 문형 연습을 할 수 있도록 지문을 구성하였고 보조 교재를 통해 학습자가 스스로 배운 문형과 어휘를 점검하고 복습할 수 있도록 하였다. 단원마다 새로 소개되는 어휘의 뜻을 수시로 빠르게 점검할 수 있도록 지면 구성의 효율성에 힘썼다. 또한 교사지침서를 제작하여 본 교재를 좀더 체계적으로 교사가 사용할 수 있도록 한국어 발음, 문법, 어휘, 교수법 등에 대한 자세한 내용을 수록하였다. 무엇보다도 본 교재의 특징은 언어 교수 이론에 근거한 효율적인 교수법들이 내용 전반에 깔려 있어 한국어를 보다 쉽게 이해하고 습득할 수 있도록 한 점이다.

본 교재는 외국인 학습자를 대상으로 다년간 한국어를 강의한 교육 경험이 풍부한 전문 한국어 교사진과 국어학 및 언어 교수 이론에서 전문성을 확보하고 있는 연구진의 공동 작업으로 완성되었다. 오랜 기간에 걸쳐 집필 및 출판 과정에 헌신적으로 참여해 준 한국어 교사진과 연구진, 기획과 출판 과정에서 적극적으로 협조를 해 주신 경문사 박문규 사장님께 감사를 드린다.

특별히 본 교재가 출간될 수 있도록 아낌없는 지원을 해 주신 한영실 총장님과 도움의 말씀을 주신 한국어문학부 교수님들께 감사를 드린다.

김경령

단원구성

	주제	문법	어휘	활동
1과	인상과 느낌	–은 김에 –던데요 –다가 보니까	첫인상 관련 어휘 및 표현	첫인상의 중요성에 대한 자신의 생각 말하기
2과	말의 힘	–은 셈 치다 –기 름이다 –기란 쉽지 않다 –는 한 –을 수 없다	조언하기와 관련된 어휘 및 표현	고민 듣고 조언하기
3과	찬성과 반대	–기는요 –기는-은데 굳이 –다면	찬성하거나 반대할 때 사용하는 어휘 및 표현	주제에 대해 찬성하거나 반대하기
4과	통계와 그래프	–은 경향이 있다 –은 것은 말할 것도 없고 –다든가 / –기에	통계 관련 어휘 및 표현	설문 조사하고 발표하기
5과	생활의 지혜	–기는 하지만 –기도 하다 –거나 –거나하면 –(으)ㄴ / 는 만큼 / –더니	제품 설명서 관련 어휘	제품 설명서 읽고 사용 방법 설명하기
6과	풍습과 축제	–지도 –지도 않다 –자면 / –기만 하면 –기보다는	경조사 관련 어휘 및 표현	참가해 본 축제 소개하기

	주제	문법	어휘	활동
7과	삶과 죽음	-와/과 다르게 -을 수 도 있다 -을지라도 -은게 분명하다 -은데도 불구하고	토론할 때 사용하는 어휘 및 표현	주제 토론하기
8과	속담과 표현	-는 바와 같이 -아/어/여서 그런지 -(으)려니 생각하다 -을 무릅쓰고	속담 익히기	속담 비교하여 말하기
9과	한국의 문학	-은 채로 -고도 남다 -고도	의성어와 의태어	시 쓰기
10과	비유의 표현	-는 둥 마는 둥 하다 -은/는 셈이다 -은/는/을 듯싶다	비유 표현	광고 문구 만들기
11과	신문과 뉴스	-을 법하다 -다고요? -을래야 을 수 없다	시사 용어	기사문 쓰기
12과	취업과 면접	-어 내다 -고 보니까 -긴 다 틀렸다	면접 관련 어휘 및 표현	면접하기

일러두기

Preview

아하! 한국어 WORK BOOK 5는 아하!한국어 STUDENT BOOK 5를 학습한 후 학습자 스스로 배운 내용을 확인하고 지식을 확장할 수 있도록 구성하였다. 본 교재는 12과로 이루어져 있으며, 각 과는 어휘, 문형, 읽기, 단어장, 발표하기로 구성되었다.

어휘

각 과 새 단어에 제시된 단어를 중심으로 학습할 수 있도록 하였다. 빈 칸에 들어갈 알맞은 단어 고르기, 반대되는 단어 고르기, 바꾸어 쓸 수 있는 단어 고르기 등의 선다형 문제를 제시하여 어휘 학습을 돕도록 구성하였다.

어휘

어휘

• 다음 빈칸에 들어갈 알맞은 단어를 고르세요.

1. 그 사람은 어떤 행동을 해도 예뻐 보이지 않는다. 사람들을 힘들게만 한다. 정말 (　　　)이다.
   ❶ 울상　❷ 밉상　❸ 깍쟁이　❹ 멋쟁이
2. 그 사람의 첫인상은 (　　　) 순해 보인다.
   ❶ 깍쟁이 같고　❷ 시건방지고　❸ 수더분하고　❹ 깐깐하고
3. 그 여자는 눈이 높고 (　　　). 그래서 남자들이 쉽게 다가가지 못한다.
   ❶ 고집쟁이다　❷ 다채롭다　❸ 상큼하다　❹ 도도하다
4. 그 사람은 (　　　)이/가 까다로워서 함께 쇼핑을 하거나 식사를 하기 힘들다.
   ❶ 취향　❷ 배역　❸ 취미　❹ 판단
5. 친구는 화가 난 듯이 (　　　) 앉아 있었다.
   ❶ 얌체처럼　❷ 이색적으로　❸ 날카롭게　❹ 새치름하게

• 다음 밑줄 친 표현과 반대되는 단어를 고르세요.

6. 인상은 그렇지 않은데 성격은 매우 까다로운 편이다.
   ❶ 청순한　❷ 정이 가는　❸ 털털한　❹ 날카로운
7. 그 여자는 외국 남성을 만나 지난달에 시집을 갔다.
   ❶ 장가갔다　❷ 결혼했다　❸ 알아차렸다　❹ 울상을 지었다

문형

각 과에서 학습한 문형을 익히는 것으로 배운 문형과 비슷한 의미의 문형을 제시하여 바꾸어 쓸 수 있도록 구성하였다.

문형

문형

• 다음 밑줄 친 표현과 바꾸어 쓸 수 있는 표현을 쓰세요.

11. 수미야, 계란 사러 가게 갈 거지? 가게 갈 때 우유 좀 사다 줄래?

12. 열심히 일하느라 시간이 이렇게까지 된 줄 몰랐어요.

읽기

읽기

- 다음 빈칸에 알맞은 표현을 쓰세요.

행동가는 공상가보다 더 많이 성공한다. 왜냐하면 행동가는 언제나 끈기 있고 진취적으로 생활을 변화시켜 나가지만 공상가는 행동보다는 말이 앞서고 행동한다고 해도 쉽게 나태해져 목표를 이루지 못하기 때문이다. 행동가는 아르바이트, 사업가, 작가, 운동가, 또는 어떤 일을 하고 있든지 간에 자신이 세운 목표를 성취하기 위해 적극적으로 행동하여 맡은 일을 충분히 감당해 낸다. 그렇지만 공상가는 현실에 만족하지 못하고 무리한 목표를 세우며 그것을 쉽게 포기해 버리기 때문에 어떤 일을 하든지 성공할 수 없다. 그래서 행동가가 공상가보다 더 많이 성공하는 것은 (　　　　　) 당연한 일이다.

13. (　　　　　　　　　　　　)

읽기

각 과의 주제, 문형, 어휘 확장과 관련된 읽기로 구성하였다. 새로운 읽기 자료를 통하여 STUDENT BOOK의 내용을 심화 · 확장할 수 있도록 하였다.

단어장

단어장

- 대화

첫인상	뜻 첫눈에 느껴지는 인상

예 그 사람은 첫인상이 아주 차가웠다.

게다가	뜻 그러한 데다가

예 흐린 날씨에 게다가 바람까지 분다.

단어장

각 과의 새 단어를 한국어로 풀이하고 예문을 제시하여, 어휘 학습을 돕도록 구성하였다.

발표하기

발표하기

- 여러분은 한국에 처음 왔을 때 첫인상이 어땠습니까? '한국의 첫인상' 이라… 후에 발표해 보세요.

준비하기

1. 한국에 처음 온 것은 언제이며, 한국에 오게 된 계기는 무엇입니까?

발표하기

발표를 하기 전의 준비 과정을 세분화하여 제시하였다. 이 활동을 통해 보다 깊이 있는 발표를 할 수 있도록 하였다.

차례

Contents

- 머리말 v
- 단원구성 vi
- 일러두기 viii

1	인상과 느낌	1
2	말의 힘	21
3	찬성과 반대	41
4	통계와 그래프	59
5	생활의 지혜	79
6	풍습과 축제	99
7	삶과 죽음	119
8	속담과 표현	139
9	한국의 문학	157
10	비유의 표현	177
11	신문과 뉴스	195
12	취업과 면접	211

인상과 느낌

01

01 인상과 느낌

어휘

● 다음 빈칸에 들어갈 알맞은 단어를 고르세요.

1. 그 사람은 어떤 행동을 해도 예뻐 보이지 않는다. 사람들을 힘들게만 한다. 정말 (　　　　)이다.

　① 울상　② 밉상　③ 깍쟁이　④ 멋쟁이

2. 그 사람의 첫인상은 (　　　　) 순해 보인다.

　① 깍쟁이 같고　② 시건방지고　③ 수더분하고　④ 깐깐하고

3. 그 여자는 눈이 높고 (　　　　). 그래서 남자들이 쉽게 다가가지 못한다.

　① 고집쟁이다　② 다채롭다　③ 상큼하다　④ 도도하다

4. 그 사람은 (　　　　)이/가 까다로워서 함께 쇼핑을 하거나 식사를 하기 힘들다.

　① 취향　② 배역　③ 취미　④ 판단

5. 친구는 화가 난 듯이 (　　　　) 앉아 있었다.

　① 얌체처럼　② 이색적으로　③ 날카롭게　④ 새치름하게

● 다음 밑줄 친 표현과 반대되는 단어를 고르세요.

6. 인상은 그렇지 않은데 성격은 매우 까다로운 편이다.

　① 청순한　② 정이 가는　③ 털털한　④ 날카로운

7. 그 여자는 외국 남성을 만나 지난달에 시집을 갔다.

　① 장가갔다　② 결혼했다　③ 알아차렸다　④ 울상을 지었다

● **다음 밑줄 친 단어와 바꾸어 쓸 수 있는 단어를 고르세요.**

8. 그 남자는 너무 <u>무뚝뚝해서</u> 말을 걸기가 어렵다.

① 야무지다 ② 청순하다 ③ 퉁명스럽다 ④ 어수룩하다

9. 이미지가 <u>고정화되어</u> 버렸다.

① 함유하여 ② 선보여 ③ 굳어져 ④ 야무져

10. 오랜 <u>타국</u> 생활을 정리하고 고향으로 돌아왔다.

① 이국 ② 고국 ③ 타지 ④ 타향

문형

● **다음 밑줄 친 표현과 바꾸어 쓸 수 있는 표현을 쓰세요.**

11. 수미야, 계란 사러 가게 갈 거지? 가게 <u>갈 때</u> 우유 좀 사다 줄래?

12. 열심히 <u>일하느라</u> 시간이 이렇게까지 된 줄 몰랐어요.

읽기

● **다음 빈칸에 알맞은 표현을 쓰세요.**

행동가는 공상가보다 더 많이 성공한다. 왜냐하면 행동가는 언제나 끈기 있고 진취적으로 생활을 변화시켜 나가지만 공상가는 행동보다는 말이 앞서고 행동한다고 해도 쉽게 나태해져 목표를 이루지 못하기 때문이다. 행동가는 아르바이트, 사업가, 작가, 운동가, 또는 어떤 일을 하고 있든지 간에 자신이 세운 목표를 성취하기 위해 적극적으로 행동하여 맡은 일을 충분히 감당해 낸다. 그렇지만 공상가는 현실에 만족하지 못하고 무리한 목표를 세우며 그것을 쉽게 포기해 버리기 때문에 어떤 일을 하든지 성공할 수 없다. 그래서 행동가가 공상가보다 더 많이 성공하는 것은 (   ) 당연한 일이다.

13. (   )

● **다음을 읽고 물음에 답하세요.**

한국의 미술은 언제나 담백합니다. 욕심도 없습니다. 없으면 없는 대로, 있으면 있는 대로, 다채롭지도 않고 수다스럽지도 않은 소박한 멋이 있습니다.

길고 가늘며 슬프기도 하고 따스하기도 합니다. 그 위에 적당히 사치스러운 무늬가 있고 푸르고 맑은 눈빛의 새침데기 아가씨 같은 아름다움, 이것이 고려청자의 멋입니다.

때로는 어수룩하고 있는 그대로의 모습을 보여주는 것, 소박한 자연 그대로의 아름다움, 꾸밈없는 있는 그대로의 흰색, 이것이 조선 도자기와 항아리의 멋입니다.

14. 여기에서 설명하고 있는 한국 미술의 특징은 무엇입니까?

① 어수룩한 신비감

② 화려하고 사치스러움

③ 눈에 익지 않은 신선함

④ 있는 그대로의 자연스러움

15. 고려청자의 아름다움을 무엇에 비유했습니까?

① 조선시대 항아리　　② 한국인의 흰 옷

③ 새침데기 아가씨　　④ 어수룩한 도자기

단어장

대화

첫인상 명 첫눈에 느껴지는 인상

예 그 사람은 첫인상이 아주 차가웠다.

게다가 부 그러한 데다가

예 흐린 날씨에 게다가 바람까지 분다.

왠지 부 왜 그런지 모르게. 또는 뚜렷한 이유도 없이

예 매일 만나는 사람인데 오늘따라 왠지 멋있어 보인다.

정이 가다 표 사랑이나 친근감을 느끼는 마음이 들다

예 그 사람에겐 왠지 정이 안 간다.

장가가다 표 남자가 여자와 결혼하다

예 그는 외국으로 장가갔다.

어휘 확장

깍쟁이 명 얄미울 정도로 약아서 눈치나 행동이 재빠른 사람

예 동생은 깍쟁이라 항상 가장 좋은 물건을 차지한다.

멋쟁이 명 멋있거나 멋을 잘 부리는 사람

예 낭만적인 분위기를 즐기는 그는 멋쟁이로 소문나 있다.

밉상 명 미운 얼굴이나 행동. 또는 미운 짓을 하거나 밉게 생긴 사람

예 그는 가는 곳마다 사고만 치는 밉상이라 모두들 싫어했다.

울상 명 울려고 하는 얼굴 표정

예 시험에 떨어진 그녀는 울상을 지었다.

고집쟁이 명 고집이 센 사람

예 동생은 자기가 하고 싶은 것은 꼭 하는 고집쟁이이다.

얌체 명 부끄러움을 모르는 사람을 낮잡아 이르는 말

예 얌체같이 새치기하지 말고 줄을 서자.

새침데기 명 새치름한 성격을 가진 사람

예 어렸을 때는 새침데기더니 이젠 성격이 많이 털털해졌다.

상큼하다 형 보기에 시원스럽고 좋다

예 그녀의 상큼한 이미지와 잘 어울리는 머리 모양이었다.

야무지다 형 사람의 성질이나 행동, 생김새가 빈틈이 없이 단단하고 굳세다

예 그는 일을 야무지게 처리하는 사람이다.

청순하다 형 깨끗하고 순수하다

예 그녀는 청순한 이미지이다.

수더분하다 형 성질이 까다롭지 않아 순하고 너그럽다

예 그는 시골 사람같이 수더분하게 생겼다.

새치름하다 형 조금 쌀쌀맞게 모르는 체하다

예 그녀는 아무 말도 하지 않고 새치름하게 앉아 있었다.

서글서글하다 형 생김새나 성품이 매우 상냥하고 너그럽다

예 그 사람은 서글서글한 눈매를 가졌다.

털털하다 형 사람의 성격이나 하는 짓 따위가 까다롭지 않고 소탈하다

예 그는 털털한 사람이라 쉽게 다가갈 수 있다.

험상궂다 형 모양이나 상태가 거칠고 험하다

예 그 도둑은 험상궂은 표정을 지었다.

도도하다 형 잘난 체하여 거만하다

예 그녀는 언제나 도도하게 굴었다.

날카롭다 형 반응이 지나치게 민감하다

예 그녀는 농담에도 날카롭게 반응했다.

깐깐하다 형 행동이나 성격이 까다롭게 빈틈이 없고 착실하다

예 그 선생님은 출석을 깐깐하게 관리하신다.

무뚝뚝하다 형 말이나 행동, 표정이 부드럽고 친절하지 않다

예 그는 워낙 무뚝뚝해서 말 건네기도 어렵다.

퉁명스럽다 형 말이나 태도에 무뚝뚝한 기색이 있다

예 직원은 귀찮다는 듯이 퉁명스럽게 대답했다.

어수룩하다 형 말이나 행동이 순진하고 후하다

예 그는 어수룩해서 아무에게나 돈을 잘 빌려 준다.

건방지다 형 잘난 체하거나 남을 낮추어 보듯이 행동하는 데가 있다

예 요즘 젊은이들은 어른 앞에서 건방지게 군다.

까다롭다 형 성미나 취향이 원만하지 않다

예 그는 까다로운 성격 때문에 친구가 거의 없다.

읽기

말투 명 말하는 버릇이나 모양

예 그의 빈정거리는 말투는 항상 사람을 기분 나쁘게 만든다.

차지하다 동 사물이나 공간, 지위 등을 자기 몫으로 가지다

예 피나는 노력 끝에 우리 팀이 우승을 차지했다.

비중 명 다른 것과 비교할 때 차지하는 중요도

예 모든 방송사에서 북한 문제를 비중 있게 다루었다.

성형 명 수술 등을 통해 신체의 어떤 부분을 고침

예 화상 입은 얼굴을 성형하는 데 많은 치료비가 들었다.

요인 명 사물이나 사건이 그렇게 되는 까닭

예 그 사람의 성공 요인은 성실한 태도이다.

선호하다 형 여러 개 중에 특별히 좋아하다

예 요즘 젊은이들은 사무직보다 현장에서 직접 일하는 것을 선호한다.

싹싹하다 형 눈치가 빠르고 사근사근하다

예 매장 점원은 싹싹한 태도로 손님들을 대했다.

활기차다 형 힘이 넘치고 생기가 가득하다

예 활기찬 한 주 보내시기 바랍니다.

배역 명 배우에게 역할을 나누어 맡기는 일 또는 그 역할

예 그 영화의 주요 배역은 신인 배우가 맡았다.

고정화되다 동 상황이나 상태가 변하지 않고 같은 모습으로 있게 되다

예 고정화된 사고방식으로는 변화하기가 어렵다.

한류 명 우리나라의 대중문화 요소가 외국에서 유행하는 현상

예 한류 열풍

오가다 동 일정한 곳을 오고 가다

예 그는 매일 직장과 집을 오가는 생활을 계속하고 있다.

시사회 명 영화나 광고 따위를 일반에게 공개하기 전에 시험적으로 상영하기 위하여 이루어지는 모임

예 그 영화는 개봉에 앞서 시사회를 열었다.

취향 명 하고 싶은 마음이 생기는 방향

예 점심 메뉴는 각자의 취향에 따라 선택했다.

특별대우 명 보통과 구별되게 다른 태도로 대하는 일

예 그녀는 참석한 파티에서 특별대우를 받았다.

캐릭터 명 소설이나 연극에 등장하는 인물

예 그 영화에는 캐릭터가 강한 인물이 나온다.

신비감 명 사람의 힘이나 지혜가 미치지 못할 정도로 신기하고 묘한 느낌

예 생명에 대한 신비감

들뜨다 동 마음이나 분위기가 가라앉지 않고 조금 흥분되다

예 축제 기분에 들뜬 사람들로 가득하다.

두말할 필요 없다 표 아주 분명해서 군말을 더 보탤 필요가 없다

예 범죄자가 처벌을 받게 될 것은 두말할 필요가 없는 일이다.

따스하다 형 알맞게 따뜻하다

예 불을 넣은 방바닥이 따스하다.

다소 부 어느 정도로

예 그는 다소 과장된 목소리로 말했다.

이국 명 자기 나라가 아닌 다른 나라

예 낯선 이국에서 홀로 생활하니 외롭고 쓸쓸하다.

덤 명 제 값 외에 조금 더 주는 것

예 귤을 10개 샀더니 덤으로 1개를 더 주었다.

알아차리다 동 낌새를 미리 알다

예 상황이 심각하다는 것을 바로 알아차렸다.

동경 명 어떤 것을 간절히 그리워하여 그것만 생각하다

예 이상향에 대한 동경

편견 명 공정하지 않고 한쪽으로 치우친 생각

예 그는 여성에 대한 편견에 사로잡혀 있다.

계기 명 어떤 일이 일어나거나 변화하도록 만드는 결정적인 원인

예 이번 일을 계기로 더 열심히 노력하고자 한다.

신선하다 형 느낌이나 기분이 새롭고 깨끗하고 시원하다

예 항상 보았던 익숙한 모습이 아니어서 신선한 느낌이 들었다.

무표정하다 형 얼굴에 아무런 감정도 드러나지 않다

예 무표정한 얼굴로 컴퓨터 화면만 응시하고 있었다.

교류하다 동 문화나 사상 등을 서로 통하게 하다

예 남북은 여러 분야에서 교류하기 시작했다.

발표하기

● 여러분은 한국에 처음 왔을 때 첫인상이 어땠습니까? '한국의 첫인상'이라는 제목으로 글을 쓴 후에 발표해 보세요.

준비하기

1. 한국에 처음 온 것은 언제이며, 한국에 오게 된 계기는 무엇입니까?

2. 한국에 오기 전에 한국에 대한 편견이나 환상이 있었습니까?

3. 한국에서 생활하면서 느낀 점은 무엇입니까?

발표하기

● '한국의 첫인상'에 대해 쓰고, 발표해 보세요.

02

말의 힘

02 | 말의 힘

어휘

● **다음 빈칸에 들어갈 알맞은 단어를 고르세요.**

1. 진실은 언젠가는 반드시 (   ) 법이다.

   ① 주저하는　② 다스리는　③ 드러나는　④ 이끄는

2. 친구가 기분 나쁘더라도 (   ) 충고를 해야 할 때가 있다.

   ① 무안한　② 따끔한　③ 명심하는　④ 사소한

3. 지난 일에 (   ) 보면 미래로 나아갈 수가 없다.

   ① 집착하다　② 부합하다　③ 버티다　④ 상응하다

4. 자신의 잘못을 (   ) 같은 실수를 반복하지 않는다

   ① 달성해야　② 독려해야　③ 깨달아야　④ 제시해야

5. 이야기를 오래 하다 보니 평소에는 몰랐던 친구의 (   )을/를 알게 되었다.

   ① 핵심　② 편견　③ 변덕　④ 속내

● **다음 밑줄 친 표현과 반대되는 단어를 고르세요.**

6. 친구는 아무리 바빠도 서두르지 않고 느긋하게 일을 처리한다.

   ① 껄끄럽게　② 조급하게　③ 변덕스럽게　④ 소신 있게

7. 그 사람의 감정은 기복이 심하다.

   ① 변함없다　② 변덕이 심하다　③ 비꼬다　④ 삐치다

● **다음 밑줄 친 단어와 바꾸어 쓸 수 있는 단어를 고르세요.**

8. 얼마 전 중요하지 않은 아주 작은 문제로 친구와 말다툼이 있었다.

   ① 구체적인　② 껄끄러운　③ 사소한　④ 직설적인

9. 지나간 일들을 다시 <u>돌이켜 생각해</u> 보면 후회되는 일이 정말 많다.

① 나아가 ② 상기해 ③ 비꼬아 ④ 버텨

10. 상대방과 나의 이익이 <u>서로 잘 맞으면</u> 일을 함께 하는 것이 어렵지 않다.

① 연연하면 ② 작동하면 ③ 부합하면 ④ 달성하면

문형

● 다음 밑줄 친 표현과 바꾸어 쓸 수 있는 표현을 쓰세요.

11. <u>속는다고 생각하고</u> 한번만 더 내 말을 들어주세요.

12. 자신의 삶이 행복한지 아닌지는 <u>생각에 따라 다르다.</u>

읽기

● [13-14] 다음 글을 읽고 내용이 같은 것을 고르세요.

13.

말을 잘 못하는 사람들은 대체로 말하는 내용만을 고민하면서 자신 있고 논리적으로 자신의 의견을 주장하지 못한다고 걱정한다. 그러나 말을 잘하는 사람들은 말의 내용보다는 두 사람의 관계를 먼저 생각한다. 즉, 자신의 의견만을 주장하기보다는 내가 하는 말이 앞으로 두 사람의 관계에 어떤 영향을 미칠지 먼저 생각하며 행동하는 것이다.

① 말할 내용이 풍부해야 상대방과 대화가 잘 된다.

② 대화 상대자와의 관계를 생각하며 말하는 것이 말을 잘 하는 방법이다.

③ 말을 잘 하기 위해서는 자신의 의견을 주장하는 것도 중요하다.

④ 말을 잘 못하는 사람들은 자신의 의견만을 고집한다.

14.

대접을 받고자 하는 사람은 남을 먼저 잘 대접하라는 말이 있듯이, 칭찬을 받고자 하는 사람은 먼저 남을 칭찬할 줄 알아야 한다. 하루에 한 번씩 다른 사람의 좋은 점을 발견하여 칭찬해 보자. 잘한 일이 있으면 그 즉시, 다른 사람들 앞에서 칭찬하자. 칭찬은 특별한 노력이나 돈을 들이지 않고도 사람들 간의 관계를 부드럽고 친하게 만드는 힘이 있기 때문이다.

❶ 칭찬을 받기 위해서는 대접을 잘 해야 한다.

❷ 칭찬은 특별한 노력이 없으면 하기가 어렵다.

❸ 다른 사람을 칭찬하면 서로 관계가 부드러워진다.

❹ 다른 사람을 잘 대접하기 위해서는 칭찬하는 방법을 배워야 한다.

● **다음 상황에 맞는 대화가 되도록 밑줄 친 곳에 알맞은 속담을 고르세요.**

15.

가: 친구한테 사과했어?
나: 아니, 잘못한 것도 없는데 왜 내가 먼저 사과해?
가: 오래 사귄 친군데 이렇게 풀지 않고 지낼 거야?
나: 나도 잘 지내고 싶어서 어제 부드럽게 말을 걸었는데 짜증만 내더라.
________________ 꼭 그런 것도 아닌가 봐.

❶ 소 잃고 외양간 고친다는데

❷ 남의 떡이 더 커 보인다는데

❸ 말 한마디로 천 냥 빚 갚는다는데

❹ 가는 말이 고우면 오는 말도 곱다는데

단어장

대화

드러나다 동 가려 있거나 보이지 않던 것이 보이게 되다

예 구름이 걷히자 산이 드러났다.

따끔하다 형 마음에 큰 상처를 받아서 아프다

예 따끔한 충고를 하다

(감정이) 상하다 동 근심, 슬픔, 노여움 따위로 마음이 언짢아지다

예 친구의 농담에 기분이 상했다.

명심하다 동 잊지 않도록 마음에 깊이 새겨 두다

예 선생님의 말씀을 명심하겠습니다.

껄끄럽다 형 (관계가) 원만하지 못하고 불편한 느낌이 있다

예 그 일 이후로 그 사람과 함께 일하는 게 껄끄럽다.

어휘 확장

직설적 명 바른대로 말하는. 또는 그런 것

예 그 사람은 직설적으로 나의 단점을 비판했다.

비꼬다 동 남의 마음에 거슬릴 정도로 빈정거리다

예 그는 항상 남의 말을 비꽈서 듣는다.

꼬집다 동 분명하게 집어서 드러내다

예 남의 약점을 딱 꼬집어서 놀리는 것은 옳지 못하다.

무안하다 형 수줍거나 창피하여 볼 낯이 없다

예 나는 어제 저지른 실수가 무안하여 사람들 앞에 나설 수가 없었다.

주저하다 동 머뭇거리며 망설이다

예 자신의 행동을 변명하는 데에 조금도 주저하거나 부끄러워하지 않았다.

핵심 명 사물의 가장 중심이 되는 부분

예 문제의 핵심을 집어내다.

굴다 동 그러하게 행동하거나 대하다

예 버릇없이 굴다/귀찮게 굴다/못살게 굴다/귀찮게 굴다/얄밉게 굴다

변덕 명 이랬다저랬다 잘 변하는 태도나 성질

예 변덕을 부리다/변덕이 심하다.

기복 명 어떤 것이 높아졌다가 낮아졌다가 하다

예 그 사람은 감정 기복이 심하다.

속내 명 겉으로 드러나지 않은 속마음

예 속내를 알 수 없는 사람

입장 명 당면하고 있는 상황

예 입장이 난처하다/입장을 밝히다.

편견 명 공정하지 않고 한쪽으로 치우친 생각

예 외국인에게 편견을 가지지 마라.

소신 명 굳게 믿고 생각하는 것

예 소신을 가지고 행동하세요.

다스리다 동 몸이나 마음을 바르게 하다

예 감정을 잘 다스려야 한다.

집착하다 동 어떤 것을 잊지 못하고 매달리다

예 지나간 일에 집착하지 마세요.

조급하다 형 느긋하지 않고 매우 급하다

예 시간이 없어서 항상 마음이 조급하다.

판단 명 사물을 인식하여 논리나 기준 등에 따라 판정을 내림

예 상황 판단/판단 기준/판단 착오/판단 능력

사소하다 형 보잘것없이 작거나 적다

예 사소한 문제/사소한 일/사소한 행동

삐치다 동 못마땅해서 마음이 토라지다

예 조그만 일에도 잘 삐쳐서 함께 일하기 힘들다.

읽기

닻 명 배를 한곳에 멈추어 있게 하기 위한 장치

예 항구에 닻을 내리다.

선원 명 배에서 일하는 사람

예 태풍으로 우리 배에 타고 있던 선원 두 명이 실종되었다.

선장 명 배의 최고 책임자

예 우리 배의 선장은 배를 탄 지가 30년 가까이 되는 전문가이다.

식량 명 생존을 위하여 필요한 사람의 먹을거리

예 가뭄이 계속되다 보니 식량이 부족하다.

버티다 — 동 오래 참고 견디다

예 지훈이는 육체적 고통을 정신적 의지로 버티고 있다.

쇠 — 명 = 철

예 쇠가 녹이 슬었다.

겪다 — 동 어렵거나 경험될 만한 일을 당하여 치르다

예 불편을 겪다/시행착오를 겪다/어려움을 겪다

고통 — 명 몸이나 마음의 괴로움과 아픔

예 육체적 고통과 정신적 고통

새기다 — 동 글씨나 그림을 나무나 돌 등에 파서 나타내다

예 두 사람의 이름을 새긴 부부 찻잔을 선물로 받았다.

냉기 — 명 찬 공기

예 동생이 새벽에 냉기를 쐬어서 감기에 걸렸다.

마비 — 부 몸의 일부나 전부가 느끼거나 움직이지 못하는 상태

예 근육이 마비를 일으켰다.

정작 — 부 기대하거나 의도했던 것과는 달리

예 정작 할 말은 꺼내지도 못했다.

재다 — 동 자, 저울 등을 이용하여 길이, 너비, 높이 등의 정도를 알아보다

예 자로 높이를 재다.

섭씨 — 명 온도 단위의 하나. 기호는 ℃

예 한국의 여름 온도는 보통 섭씨 30℃정도이다.

작동하다 — 동 기계가 움직이다

예 컴퓨터가 작동하지 않는다.

상응하다 동 서로 어울리다

예 준수는 자신의 능력에 상응하는 보수를 받기 원했다.

이끌다 동 목적하는 곳으로 갈 수 있도록 따라오게 하다

예 팀을 우승으로 이끌다.

제시하다 동 눈앞에 어떤 것을 보이게 하다

예 조건을 제시해 보세요.

나아가다 동 목적하는 방향을 향하여 가다

예 이것이 앞으로 우리가 나아갈 방향입니다.

의구심 명 믿지 못하고 의심하며 두려워하는 마음

예 그 일이 잘 될지 의구심이 든다.

확신 명 굳게 믿음. 또는 그런 마음

예 내가 잘 하는 것인지 확신이 서지 않는다.

달성하다 동 목적했던 것을 이루다

예 목표를 달성하다.

성찰 명 자기의 마음을 반성하고 살핌

예 자기 성찰의 시간을 갖다.

단계 명 일의 차례를 따라 나아가는 과정

예 욕심부리지 말고 한 단계 한 단계 위로 올라가는 것이 좋다.

설정 명 새로 만들어 정해 둠

예 처음부터 목표 설정이 잘못되었다.

구체적 명 잘 알 수 있을 만큼 실제의 예가 있고 자세한 것

예 소풍에 관해서 구체적으로 이야기해 보세요.

만끽하다 동 욕망을 마음껏 충족하다

예 엄마가 여행 가신 동안 자유를 만끽했다.

상기하다 동 지난 일을 돌이켜 생각하여 내다

예 그 장면을 상기해 보면 그때 그가 거기에 없었던 것 같다.

자부심 명 스스로 자랑스러워하는 마음

예 형은 자신이 경찰이라는 것에 자부심을 가지고 있다.

행동방식 명 몸을 움직여서 어떤 일을 하는 일정한 방법이나 형식

예 할아버지는 자신만의 행동 방식을 고집하신다.

독려하다 동 감독하며 격려하다

예 감독이 선수들을 잘 독려하여 역전에 성공했다.

깨닫다 동 사물의 본질이나 이치 따위를 생각하여 알게 되다

예 잘못을 깨닫다.

별개 명 관련이 없이 서로 다름

예 자신의 삶과 어머니의 삶은 별개라고 생각했다.

그릇되다 동 생각이나 행동이 옳지 못하다

예 그릇된 생각을 빨리 떨쳐 버려야 한다.

부합하다 동 아주 잘 맞다

예 개인의 이익과 국가의 이익이 부합할 때 가장 이상적이다.

연연하다 동 집착하여 미련을 가지다

예 부와 명예와 권력에 연연하지 않았다.

바로잡다 동 잘못된 것을 올바르게 고치다

예 틀린 글자를 바로잡다.

바람직하다 동 바랄 만한 가치가 있다

예 다수결이 항상 바람직한 것은 아니다.

발표하기

- **여러분은 말 때문에 힘들었던 경험이 있습니까? 아니면 반대로 말 덕분에 일이 잘 풀렸던 경험이 있습니까?**

준비하기

1. 말 때문에 힘들었던 경험

이런 상황에서 어울리는 속담 :

예 낮말은 새가 듣고 밤말은 쥐가 듣는다

2. 말 덕분에 일이 잘 풀렸던 경험

이런 상황에서 어울리는 속담 :

예 말 한 마디로 천 냥 빚을 갚는다

발표하기

● 말과 관련된 여러분의 경험을 쓰고, 발표해 보세요.

찬성과 반대

03

03 찬성과 반대

어휘

● **다음 빈칸에 들어갈 알맞은 단어를 고르세요.**

1. 네 말도 (   )이/가 있지만, 난 좀 다른 생각이야.

① 대안 ② 갈등 ③ 판단 ④ 일리

2. 취업을 위해 여러 자격증을 (   ) 두었다.

① 보완해 ② 동의해 ③ 취득해 ④ 유지해

3. 나는 요즘 한국어를 그만두고 고향으로 갈지, 계속 한국에 있을지 (   )을/를 하고 있다.

① 혐오 ② 성장 ③ 갈등 ④ 강요

4. 친구가 같이 수업을 빼 먹자고 나를 (   ).

① 부추겼다 ② 놀렸다 ③ 맞닥뜨렸다 ④ 왜곡했다

5. 한 순간의 부주의가 큰 화재를 (   ).

① 거셌다 ② 초래했다 ③ 훼손했다 ④ 환원했다

● **다음 밑줄 친 표현과 반대되는 단어를 고르세요.**

6. 사형제도를 <u>폐지하려는</u> 움직임이 일고 있다.

① 유지하려는 ② 바꾸려는 ③ 대체하려는 ④ 없애려는

7. 그는 평생 <u>부유한</u> 삶을 살아 왔다.

① 한가한 ② 형편이 안 좋은 ③ 여유로운 ④ 도전적인

● **다음 밑줄 친 부분과 의미가 비슷한 것을 고르세요.**

8. 그 일이 너와 무관하지 않다.

① 관계있다 ② 상관없다 ③ 참견하다 ④ 부유하다

9. 이 도시는 올해 문화 관광 도시로 선정되었다.

① 광고하였다 ② 초래되었다 ③ 뽑혔다 ④ 보완하였다

10. 쓰레기 소각장 시설 지정에 대해서 극소수의 주민들이 찬성했다.

① 다수의 ② 다양한 ③ 대부분의 ④ 아주 적은 수의

문형

● **다음 밑줄 친 표현과 바꾸어 쓸 수 있는 표현을 쓰세요.**

11. 가: 오늘은 날씨가 무척 따뜻하죠?
나: 따뜻하다고요? 지금 영하 5도인데요. ( )

12. 가: 저는 삼겹살을 정말 좋아해서 자주 먹는 편이에요. 몸매를 위해서는 다이어트도 생각해야 하는데 어떻게 해야 할까요?
나: 기름진 음식은 다이어트에 좋지 않아요. 꼭 고기를 드시고 싶으시면 닭 가슴살만 드세요.
( )

읽기

13. 다음 대화를 읽고 밑줄 친 부분에 알맞은 표현을 쓰세요.

> 가: 음식이 맛있어서 손님이 항상 많았던 저 식당은 요즘에 손님이 없네요. 무슨 일이 있었나요?
> 나: 한 달 전 음식에 이상한 것이 나와서 손님들이 좀 덜 가더니 요즘엔 주방장까지 바뀌면서 음식 맛도 안 좋아져서 손님들이 완전히 ______________.
> 가: 인기도 한순간이네요.

( )

14. 다음을 읽고 (   )에 들어갈 내용으로 가장 알맞은 것을 고르세요.

사형 제도를 지지하는 사람들은 사형 제도의 범죄 예방 효과와 죄에 대한 정당한 대가를 그 근거로 든다. 그러나 사형 제도를 폐지한 후 범죄율이 증가한 국가는 거의 드물다. 사형 제도를 폐지해도 살인과 같은 흉악 범죄는 같은 비율로 나타났다. 이를 통해 알 수 있는 것은 (   ) 오히려 제도보다는 교육이나 치안에 중점을 두는 것이 더 효과적일 것이다. 또한 죄에 대한 대가를 목숨으로 대신 치르는 것은 옳지 않다. 사형은 공권력이 행하는 살인일 뿐이기 때문이다.

❶ 흉악 범죄를 줄이기 위해서는

❷ 사형 제도의 범죄 예방 효과는 미미하기 때문에

❸ 죽음에 대한 위협이 범죄를 막을 수 있기 때문에

❹ 살인 등의 범죄를 저지르기 전에 생각할 기회가 있기 때문에

● [15-16] 다음 글을 읽고 '인터넷 실명제'에 대한 찬성 의견과 반대 의견을 한 가지씩 쓰세요.

정보의 바다인 인터넷이 각종 오염 물질로 넘치고 있다. 인터넷은 이름을 밝히지 않고 게시판에 특정인을 비난하는 사이버 테러의 폐해가 매우 심각하다. 이에 정부는 사이버 폭력의 심각성을 인식해 인터넷 실명제 도입을 검토하고 있다. 인터넷 실명제는 인터넷에 글을 올리거나 댓글을 달 때, 사진, 동영상을 올릴 때 주민 등록 번호와 실제 이름을 확인하는 제도이다. 이러한 실명제를 통해 네티즌은 실제 이름을 일반인들에게 노출시키게 되어 특정인에 대한 공격과 욕설을 하지 못하도록 하는 효과가 있을 것으로 보인다.

15. 찬성 의견 : ________________________________

16. 반대 의견 : ________________________________

단어장

● 대화

사형수 명 사형 선고를 받은 죄수

예 그 사람은 친구를 죽이고 사형수가 되었다.

살인 명 사람을 죽임

예 며칠 전 옆집에서 살인 사건이 일어났다.

일리 명 그런대로 옳거나 앞뒤가 맞는 체계

예 그의 말이 일리가 아주 없는 것은 아니었다.

죗값 명 죄를 짓고 받게 되는 결과

예 오랜 감옥 생활로 모든 죗값을 다 치렀다.

치르다 동 주어야 할 돈을 주다

예 물건을 사고 물건값을 치렀다.

가령 부 예를 들어. '이를테면' 으로 바꾸어 쓸 수 있다

예 설명을 쉽게 하기 위해 가령 다음 문장을 놓고 살펴보자.

감옥 명 죄인을 나가지 못하도록 가두어 두는 곳

예 그는 죄를 짓고 감옥에서 생활하게 되었다.

폐지 명 지금까지 계속되던 법, 일 등을 그만두거나 없애는 일

예 10시 통금제도가 폐지되어 새벽까지도 밖에 다닐 수 있게 되었다.

유지하다 | 명 어떤 상태, 상황을 계속하다

예 건강을 유지하기 위해서는 규칙적으로 운동을 계속해야 한다.

범죄 | 명 법을 지키지 않아 생긴 잘못

예 요즘 무서운 강력 범죄가 늘어나고 있다.

예방 | 명 질병이나 재해가 일어나기 전에 미리 준비하고 막는 일

예 병은 치료보다 예방이 중요하다.

판단하다 | 동 어떤 기준에 따라 판정을 내리다

예 현실을 정확하게 판단하는 이성이 필요하다.

어휘 확장

강력 범죄 | 명 힘이나 영향이 강한 법을 어긴 잘못

예 요즘 강력 범죄 사건이 자주 일어나고 있다.

동의하다 | 동 어떤 일에 대해 생각이나 의견을 같이하다

예 나는 친구의 말에 전적으로 동의한다.

읽기

이중국적 | 명 한 사람이 두 나라의 국적을 가지는 일. 복수 국적

예 그 사람은 이중 국적 소지자이다.

허용 | 명 허락하고 마음 넓게 받아들임

예 이번 일주일 동안 외출이 허용되었다.

제한적 | 명 일정한 한도를 정하거나 그 한도를 넘지 못하게 막는 것

예 수도 공사로 인해 급수가 제한적으로 공급된다.

안티팬 명 특정 운동 선수, 연예인 등을 심하게 싫어하는 사람

예 그 가수의 안티팬들이 연예인의 홈페이지 게시판에 비난하는 글을 올렸다.

왕성하다 형 기운이 한창 성하다

예 왕성한 생명력

군입대 명 군대에 들어가 군인이 됨

예 군입대하는 날이 얼마 남지 않았다.

취득하다 동 자기 것으로 만들어서 가지다

예 운전면허증을 취득하고 바로 차를 샀다.

분노 명 매우 화를 냄

예 분노가 폭발하다.

입국 명 자기 나라나 다른 나라 안으로 들어가다

예 각 나라의 국가 대표 선수단이 한국에 입국했다.

금지 명 법이나 규칙으로 어떤 행동을 하지 못하도록 함

예 통행 금지, 수입 금지

등을 돌리다 관 뜻을 같이하던 사람이나 단체와 관계를 끊고 멀리하다

예 잘 지내던 사람들이 어느 날 갑자기 서로 등을 돌렸다.

원정 출산 명 아기를 낳기 위해 먼 곳으로 떠남

예 몇몇 산모들이 원정출산을 목적으로 다른 나라에 간다.

산모 명 아기를 낳은 여자

예 아이도 산모도 건강했다.

다문화 명 한 사회 안에 여러 민족이나 여러 국가의 문화가 섞여 있는 것

예 다문화 가정, 다문화 시대

보완하다 동 모자라거나 부족한 것을 보충하여 완전하게 하다

예 문제점을 보완하다.

법률 명 법

예 법률적 문제

선천적 명 태어날 때부터 지니고 있는 것

예 선천적 재능

유지하다 명 어떤 상태나 상황을 그대로 보존하다

예 체중을 유지하도록 하세요.

극소수 명 아주 적은 수

예 극소수의 인원, 극소수의 견해

부유하다 형 재물이 넉넉하다

예 부유한 가정에서 태어났다.

제도 명 관습이나 도덕, 법 등의 사회 구조 체계

예 결혼 제도, 민주주의 제도

악용 명 알맞지 않게 쓰거나 나쁜 일에 씀

예 좋은 정보를 악용하면 안 된다.

부추기다 동 남이 어떤 일을 하게 만들다, 감정이나 상황이 더 심해지도록 영향을 미치다

예 싸움을 부추겼다.

몫 명 여럿으로 나누어 가지는 각 부분

예 자기 몫을 챙겼다.

희생 명 다른 사람이나 목적을 위해 자신의 목숨, 재산을 바침

예 희생을 무릅쓰다.

강요하다 동 억지로 또는 강제로 요구하다

예 아이에게 선택을 강요하지 마라.

초래하다 동 어떤 결과를 가져오게 하다

예 한순간의 실수로 큰 피해를 초래할 수 있다.

명물 명 어떤 지방의 이름난 물건

예 이 섬의 명물이라고 할 수 있는 시설을 돌아보았다.

소각장 명 쓰레기나 폐기물을 불에 태워 버리는 장소

예 쓰레기 소각장

반발 명 어떤 상태나 행동에 대해 반대하고 반항함

예 시민의 강력한 반발

거세다 명 사물의 기세가 몹시 거칠고 세차다

예 파도가 거세다.

시설 명 도구, 기계 등을 설치함. 또는 그 설비

예 교육 시설, 오락 시설, 편의 시설

인식 명 사물을 구별하고 판단하여 알게 되는 것

예 역사에 대한 인식이 없다.

확산되다 동 흩어져서 널리 퍼지게 되다

예 병균이 전국적으로 급속히 확산되고 있다.

선정하다 동 여러 개 중에서 어떤 것을 뽑아서 정하다

예 우수 도서를 선정했다.

반상회 동 의견을 수렴하고 이웃 간의 친목을 도모하기 위한 모임

예 정기적으로 반상회를 연다.

거듭나다 동 지금까지의 방식이나 태도를 버리고 새롭게 시작하다

예 나쁜 습관을 버리고 새로운 사람으로 거듭났다.

수시로 부 아무 때나 늘

예 친구는 수시로 나에게 전화를 건다.

협력 명 힘을 합하여 서로 도움

예 협력을 요청하다.

요소 명 사물을 이루는 데 꼭 필요한 성분

예 핵심적 요소

갈등 명 개인이나 집단 사이에 목표가 달라 서로 충돌함

예 고부간의 갈등, 세대 간의 갈등

이기주의 명 자기 자신의 이익만을 생각하고 사회 일반의 이익은 생각하지 않는 태도

예 극단적인 이기주의

성장 명 사물의 규모나 세력이 점점 커짐

예 시민 계급의 성장

왜곡되다 동 사실과 다르게 해석되거나 그릇되게 되다

예 진실이 왜곡되었다.

급격하다 형 변화가 급하고 격렬하다

예 청소년 시기에는 신체적, 심리적으로 급격한 변화가 일어난다.

빈부격차 명 가난한 사람과 부자의 차이

예 빈부격차가 심해지다.

밀어붙이다 동 여유를 주지 않고 계속 몰아붙이다

예 다른 사람의 의견을 듣지 않고 자신이 하고 싶은 대로 밀어붙인다.

공공 명 국가나 사회의 구성원 모두에게 관계되는 것

예 공공 기관, 공공 도서관, 공공 생활

이른바 부 세상에서 말하는 바

예 아이가 탄생한 지 21일이 되어서 이른바 '삼칠일'을 지냈다.

권리 명 어떤 일을 행하거나 다른 사람에 대해 요구할 수 있는 힘, 자격

예 자유와 권리

정서 명 사람의 마음에 일어나는 여러 가지 감정

예 정서 불안

산업화 명 산업의 형태가 됨

예 산업화가 급속히 진행되고 있다.

맞닥뜨리다 동 좋지 않은 일에 직면하다

예 엄청난 일에 맞닥뜨리고 보니 정신이 하나도 없었다.

혐오 명 미워하고 꺼림

예 혐오 시설

민주주의 | 명 국민이 권력을 가지고 그 권력을 행사하는 제도

예 민주주의를 실현하다.

굳어지다 | 동 강하게 되거나 단단하게 되다

예 새벽에 일어나는 게 습관으로 굳어졌다.

무관하다 | 형 관계나 상관이 없다

예 이번 일은 나와 무관하다.

심리 | 명 마음의 작용과 의식의 상태

예 사람의 심리를 잘 알 수 없다.

자극하다 | 동 외부에서 작용을 주어 감각이나 마음에 반응이 일어나다

예 호기심을 자극하다.

발표하기

- **사형제도에 대해 알아보고, 사형제도에 대한 여러분의 생각을 발표해 보세요.**

준비하기

1. 사형제도가 있는 나라

2. 사형제도가 없는 나라

3. 사형제도를 지지하는 입장의 주장

4. 사형제도를 반대하는 입장의 주장

발표하기

- **사형제도에 대한 나의 생각을 쓰고, 발표해 보세요.**

통계와 그래프

04

04 통계와 그래프

어휘

● **다음 빈칸에 들어갈 알맞은 단어를 고르세요.**

1. 5급 학생들의 실력이 (   )으로 향상되었다.

❶ 비교적　❷ 소극적　❸ 추상적　❹ 전반적

2. 물을 함부로 쓰면 십 년 후에는 물이 모자라서 (   ) 먹는 물까지 외국에서 수입해야 할 지도 모른다.

❶ 심지어　❷ 반드시　❸ 기필코　❹ 드디어

3. 한국 사람들이 주로 어디로 여행을 다니는지 (   )을/를 내 보았다.

❶ 비율　❷ 편차　❸ 분포　❹ 통계

4. 첫인상 중 외모가 가장 많은 부분을 (   ).

❶ 지속한다　❷ 거주한다　❸ 차지한다　❹ 줄어든다

5. 잘잘못을 따지기보다 현재의 피해 (   )을/를 파악하는 것이 급선무이다.

❶ 요인　❷ 현황　❸ 기준　❹ 영향력

● **다음 밑줄 친 표현과 반대되는 단어를 쓰세요.**

6. 물가 오름세가 계속되고 있다.

7. 주가가 연일 하강 곡선을 긋고 있다.

8. 한국은 요즘 출생율이 감소하고 있어 문제이다.

9. 지하철 요금이 상향 조정될 전망이다.

● **다음 밑줄 친 단어와 바꾸어 쓸 수 있는 단어를 고르세요.**

10. 국가 발전에 이바지한 사람들에게 국가가 연금을 지급한다.

① 공헌한 ② 추구한 ③ 필요한 ④ 도달한

11. 식습관과 건강은 아주 가까운 관계에 있다.

① 정직한 ② 어긋난 ③ 밀접한 ④ 상대적인

문형

● **다음 밑줄 친 표현과 바꾸어 쓸 수 있는 표현을 쓰세요.**

12. 요즘 우리나라에서는 결혼을 늦게 하는 편이다.

13. 날씨가 더워서 창문을 조금 열어 놓았어요.

읽기

● **다음을 읽고 물음에 답하세요.**

㉠ 기술이 발전하고 디지털 경제가 커지면서 다양한 형태의 정보와 데이터들이 대량으로 생산되고 있는데 이를 빅데이터라고 부른다. 빅데이터 분석가는 대량의 빅데이터를 관리하고, 분석해서 이 결과를 바탕으로 통계 모델을 만들어 사람들의 행동 패턴이나 시장경제 등을 예측할 만한 정보를 제공한다. ㉡

이러한 빅데이터를 활용한 기업 사례는 무수하게 많이 나오고 있는데 예를 들면 구글은 검색창에서 발열, 기침 등을 사람들이 많이 검색한 것에 착안해 독감을 예보했고, 수십 억 장의 문서를 통계로 분석하고 비교해 자동번역 시스

템을 만들기도 했다. ㉢ 그리고 한 라면 회사에서는 새로운 제품을 출시한 뒤 SNS 반응을 분석해 제품의 문제를 개선하기도 했으며, 독일의 식칼업체에서는 자사 식칼 판매량이 떨어지자 트위터 분석을 통해 주부들이 칼을 쓸 때 칼에서 나는 냄새를 싫어한다는 걸 알고, 모든 제품의 향을 바꿨고, 예전의 판매량을 회복했다고 한다. ㉣

14. 위의 내용에서 다루고 있지 않은 내용은 무엇입니까?

❶ 빅데이터의 정의 ❷ 빅데이터에 대한 비판

❸ 빅데이터의 활용 사례 ❹ 빅데이터분석가의 역할

15. 다음 글이 들어가기에 적합한 곳을 고르세요.

이렇듯 빅데이터를 통해 인류가 유사 이래 처음으로 인간 행동을 미리 예측할 수 있는 세상이 열리고 있다.

❶ ㉠ ❷ ㉡ ❸ ㉢ ❹ ㉣

단어장

대화

심지어 부 그보다 더 심하게는. 더 나아가서

예 그 사람은 심하게 다쳐서 심지어 가족도 알아보지 못했다.

폐교 명 학교의 운영을 그만둠. 또는 그렇게 된 학교

예 이 마을의 초등학교는 학생 수가 적다는 이유로 폐교되었다.

고령화 사회 명 노인의 인구 비율이 높은 사회

예 한국도 이제 고령화 사회에 들어갔다.

공헌하다 동 힘을 써 이바지하다

예 독립에 크게 공헌한 사람에게 훈장이 수여되었다.

양육비 명 아이를 키우는 데 드는 비용

예 아이를 키울 때 양육비가 많이 든다.

노후 명 늙어진 후

예 노후를 대비하기 위해 젊었을 때 돈을 모아야 한다.

자금 명 특정한 목적에 사용되는 돈

예 노후를 대비하기 위해 모은 돈을 노후 자금이라고 한다.

이어지다 동 끊어지지 않고 계속되다

예 과거부터 이어져 온 전통을 잘 지켜야 한다.

추세 명 어떤 일이 나아가는 방향이나 흐름

예 결혼을 늦게 하는 것이 요즘의 추세이다.

저출산 명 아기를 낳는 수가 적은 것을 이른다

예 양육비 부담 때문에 젊은 부부들이 아이를 낳지 않아서 저출산율이 높아지고 있다.

마련되다 동 구하여 갖추어지다

예 한국에 공부하러 갈 돈이 마련되자마자 유학을 떠났다.

어휘 확장

빈도 명 같은 현상이나 일이 반복되는 수

예 기름 값이 올라 대중교통을 이용하는 빈도가 급격히 증가했다.

순위 명 순서를 나타내는 위치나 지위

예 경기의 마지막 한 바퀴에서 1, 2위의 순위가 바뀌었다.

백분율 명 전체를 100으로 하고 그에 대한 비율. 퍼센트(%)

예 100명 중에 10명을 백분율로 하면 10%이다.

오차 명 수학에서 실제 측정한 값과 이론적으로 나온 값의 차이

예 이 통계 결과는 오차 값이 나올 수도 있다.

통계 명 어떤 현상을 한눈에 알기 쉽게 숫자로 나타낸 것

예 매년 정부에서는 외국인 유학생에 대한 통계를 낸다.

편차 명 수학에서 수치, 위치 등이 기준에서 벗어난 정도나 크기

예 한 연구 결과에 따르면 소득에 따라 건강의 편차가 크다고 한다.

기준 명 기본이 되는 표

예 아르바이트를 하면 한 시간을 기준으로 시급을 계산해서 받는다.

반면 명 앞에서 말한 사실과는 반대. 다른 한편

예 남을 가르치는 일은 힘든 반면에 보람도 있다.

차지하다 동 어떤 자리, 마음을 가지게 되다

예 나이는 한국 사람들의 인간관계에서 중요한 부분을 차지한다.

대상 명 어떤 일의 상대나 목표가 되는 것

예 이 프로그램은 성인을 대상으로 만든 것이기 때문에 아이들은 볼 수 없다.

오름세 명 물가나 시세 따위가 오르는 형세

예 물가 오름세가 계속되고 있다.

내림세 명 물가나 시세 따위가 떨어지거나 낮아지는 형세

예 주가가 내림세로 돌아섰다.

하강 명 높은 곳에서 아래로 향하여 내려옴

예 주가가 연일 하강 곡선을 긋고 있다.

감소 명 양이나 수가 주는 것

예 한국은 요즘 출생률이 감소하고 있어 문제이다.

하향 명 아래로 향함. 또는 그쪽

예 그래프가 하향 곡선을 그리고 있다.

증가 동 (수량이) 늘어나다

예 자동차가 증가하면 할수록 대기 오염이 심해집니다.

상향 명 위쪽을 향함. 또는 그쪽

예 경제가 좋아져서 증권 시세가 상향곡선을 그리고 있다.

상승 명 낮은 데서 위로 올라감

예 물가가 상승했다.

읽기

임금 명 노동을 한 후 받는 돈

예 이 직장은 다른 비슷한 직장에 비해 임금이 높은 편이다.

현황 명 현재의 상황

예 수해 복구 현황을 파악하다.

요인 명 원인, 이유

예 그의 성공 요인은 성실함에 있다.

밀접하다 형 아주 가깝게 맞닿아 있다

예 정부와 기업은 밀접한 관계를 맺고 있다.

지속적 관 명 어떤 상태가 오래 계속되는. 또는 그런 것

예 이 기업은 지속적으로 노력한 끝에 성공할 수 있었다.

전반적 관 명 어떤 일에 대하여 그것과 관계되는 전체에 걸친. 또는 그런 것

예 전반적으로 작년에 비해 한국어 실력이 많이 늘었다.

집계되다 동 이미 계산된 결과가 한 곳으로 모이다

예 한국에서 암 환자가 작년에 비해 늘어난 것으로 집계되었다.

분포 명 일정한 범위에 흩어져 있음

예 한국에서 인구 분포를 보면 서울이 가장 많은 것을 알 수 있다.

영향력 명 어떤 사물의 효과나 힘이 다른 것에 미치는 힘

예 이 사람은 TV에 나오더니 영향력이 커지기 시작했다.

상대적 관 명 서로 비교되는 관계에 있는. 또는 그런 것

예 나의 한국어 실력은 말하기에 비해 쓰기가 상대적으로 약하다.

영향을 미치다 동 영향을 주다

예 기후가 사람들의 음식 문화에 많은 영향을 미친다.

불과하다 형 그 수나 수준을 넘지 못하다

예 이번 학기 도서관을 이용한 학생들은 전체의 2/3에 불과했다.

실화 명 실제로 있었던 이야기

예 그 영화는 실화를 바탕으로 구성되었다.

흥행하다 동 공연이나 영화 등이 큰 수익을 내다

예 올 여름 그 영화가 가장 흥행하였다.

향상 명 실력, 수준, 기술 등이 나아짐

예 요즘도 기술 향상에 힘쓰고 있다.

최하위 명 가장 낮은 지위나 등급, 위치

예 우리 팀은 이번 농구 대회에서 최하위였다.

몸값 명 사람의 가치를 돈에 빗대어 하는 말

예 그 선수는 이번 계약에서 몸값이 많이 올랐다.

구단 명 야구, 농구, 축구 등을 하는 사업 단체

예 야구를 사랑하시는 아버지는 구단을 설립하는 게 꿈이셨다.

데이터 명 관찰, 실험, 조사 등으로 얻은 정보

예 제가 하고 있는 업무는 고객과 관련된 데이터를 분석하는 일입니다.

최강 명 제일 강함. 또는 그런 것

예 새로운 감독과 훌륭한 선수들 덕분에 우리 팀은 최강의 팀이 될 수 있었다.

토대 명 어떤 일의 밑바탕이나 기본

예 수업 시간에 배운 것을 토대로 시험 문제를 냈다.

편견 명 한쪽으로 치우친 잘못된 생각

예 우리 회사는 장애인에 대한 편견을 버리기 위하여 장애인을 고용하기로 했다.

저평가 명 실제보다 낮게 평가되는 것

예 사람들에게 저평가되어 오던 그 팀은 이젠 제대로 실력을 인정받고 있다.

달성하다 동 목표나 계획 등을 성공적으로 이루다

예 드디어 많은 노력 끝에 우리의 목표를 달성했다.

활용 명 충분히 잘 이용함

예 자신의 능력을 활용하면 성공할 수 있다.

직관 명 경험, 판단 등을 거치지 않고 대상을 직접적으로 파악하는 것

예 그는 특별한 교육도 경험도 없었지만 사건을 바라보는 직관이 남들보다 뛰어났다.

사법 체계 명 어떤 일에 대하여 법을 적용하여 다루는 조직체

예 새로운 정부는 사법 체계의 새로운 변화를 시도하고 있다.

범죄율 명 법을 어기고 잘못을 저지르는 일의 비율

예 CCTV 설치 후 이 지역의 범죄율이 낮아지고 있다.

비효율적 관 명 노력한 것에 비하여 결과가 만족스럽지 못한. 또는 그런 것

예 혼자 일하는 것보다 여러 사람이 함께 일하는 것이 비효율적일 때가 많다.

재범률 명 범죄가 다시 일어나는 비율

예 정부가 범죄자를 적극적으로 관리하다 보니 재범률이 낮아지고 있다.

상당수 명 꽤 많은 수

예 이번 대회 참가자 중 상당수가 외국인이다.

제공되다 동 무엇이 주어져 도움이 되다

예 이 여행에서는 고객 여러분께 식사와 간식이 제공됩니다.

벗어나다 동 어디에서 빠져나오다

예 그 여자는 하루라도 빨리 가난에서 벗어나기 위해 매일같이 일을 했다.

가정 명 사실이 아닌 것을 사실인 것처럼 생각해 보는 것

예 그 일이 실제로 일어났다고 가정해 보면 정말 끔찍하다.

사소하다 형 작거나 적다

예 아이들은 사소한 일로 싸우고 화를 내곤 한다.

부당하다 형 이치에 맞지 않다

예 계약직원이 정식직원보다 근무 시간이 더 많아야 한다는 것은 부당하다.

자체 명 다른 것을 제외한 사물 그 본래의 몸체

예 상자가 무거운 게 아니라 상자 속의 물건 자체가 너무 무거워!

오류 명 잘못

예 인터넷 쇼핑에서 결제를 하려고 하는데 자꾸 오류가 나서 결국 하지 못했다.

의도적 관 명 계획적으로 무엇을 하려고 하는. 또는 그런 것

예 그 사람은 우연이었다고 말하지만 사실 의도적으로 그녀에게 접근했다.

불리하다 형 이롭지 않다

예 우리 팀이 상대팀보다 인원수가 적으니까 이번 경기는 우리에게 정말 불리하다.

이면 명 겉에 나타나지 않거나 눈에 보이지 않는 부분

예 그 사람은 겉과 속이 달라서 그 사람의 이면을 잘 파악해야 한다.

발표하기

- **우리 반 학생들을 대상으로 설문 조사를 하려고 합니다. 설문지를 작성하고 설문 조사 결과를 발표해 봅시다.**

준비하기

1. 설문 주제 : 다음 중 하나를 골라 설문지를 작성하세요.

- 한국 유학의 목적과 만족도 조사
- 국제결혼에 대한 인식 조사
- 한국과 한국인에 대한 인식 조사
- 외국인과 외국 문화에 대한 선호도 조사
- 독신에 대한 인식 조사
- 한류에 대한 조사
- 기타 :

〈설문의 목적〉

을/를 통하여

고자 한다.

2. 설문지 질문 문항

(1)번 질문:

질문의 목적:

응답 결과	응답 결과 그래프

(2)번 질문:

질문의 목적:

응답 결과	응답 결과 그래프

(3)번 질문:

질문의 목적:

응답 결과	응답 결과 그래프

(4)번 질문:

질문의 목적:

응답 결과	응답 결과 그래프

(5)번 질문:

질문의 목적:

응답 결과	응답 결과 그래프

3. 설문 결과의 분석

발표하기

- 프리젠테이션 자료를 미리 구성해 보세요.

제목:

발표자:

05

생활의 지혜

05 생활의 지혜

어휘

● **다음 빈칸에 들어갈 알맞은 단어를 고르세요.**

1. 이 책은 한국어 공부를 하는 데 아주 (   ) 책이라서 친구들에게 추천하고 싶다.

   ① 추가한 ② 유용한 ③ 부당한 ④ 각별한

2. 알코올 도수가 너무 높으면 물을 넣어서 (   ) 마실 수도 있다.

   ① 희석해서 ② 뿌려서 ③ 함유해서 ④ 부어서

3. 약의 효능을 알기 위해서는 약의 (   )을/를 잘 살펴보는 것도 좋다.

   ① 취급 ② 주의사항 ③ 주요 ④ 성분

4. 이 단어의 (   )을/를 알기 위해서 사전을 찾아보았다.

   ① 용법 ② 유효 ③ 효능 ④ 설정

5. 개인 정보가 인터넷을 통해 다른 사람에게 (   ) 수 있으니, 주의해야 한다.

   ① 파악될 ② 첨부될 ③ 유출될 ④ 부과될

● **다음 밑줄 친 표현과 반대되는 단어를 쓰세요.**

6. 따뜻한 물에 발을 담그고 있으면 기분이 좋아진다.

7. 자초지종을 구체적으로 설명해 보세요.

● **다음 밑줄 친 단어와 바꾸어 쓸 수 있는 단어를 고르세요.**

8. 오래 된 얼룩을 없애기 위해서는 표백제를 사용해야 한다.

   ① 제거하기 ② 희석하기 ③ 떼기 ④ 바르기

9. 약효가 신속하고 뛰어나서 많이 팔리고 있다.

① 무료해서 ② 탁월해서 ③ 압도적이어서 ④ 빨라서

10. 신청하시려면 신청서를 쓰시면 됩니다.

① 완결하시면 ② 전송하시면 ③ 등록하시면 ④ 작성하시면

문형

● **다음 밑줄 친 표현과 바꾸어 쓸 수 있는 표현을 쓰세요.**

11. 그동안 열심히 공부했으니까 이번 시험에는 꼭 합격할 수 있을 거예요.

12. 호랑이도 제 말하면 온다고 했는데, 그 사람 이야기를 하고 있으니까 진짜 그 사람이 오네요.

읽기

● **다음을 읽고 물음에 답하세요.**

'잠이 보약이다'라는 말이 있다. 숙면을 취하는 것이 그 어떤 보약보다 건강에 좋다는 의미이다. 그러나 밤에 잠이 오지 않아 고생하는 사람들이 많다. (①) 이런 사람들의 뇌를 조사해 보면 두뇌 활동을 많이 할 때 나오는 베타파가 두뇌 활동이 안정적일 때 나오는 세타파보다 많이 나타난다. (②) 이것은 두뇌 활동이 활발해져서 베타파의 비율이 높아지기 때문이다. (③) 빨리 잠들고 싶으면 숫자를 세는 것보다 두뇌 활동을 안정시키는 정지된 이미지를 떠올리는 것이 효과적이다. (④) 또한 잠자기 직전에 운동을 하는 것은 오히려 숙면을 방해하므로 잠들기 2~3시간 전에는 격한 운동은 삼가는 것이 좋다.

13. 다음 문장이 들어가기에 가장 알맞은 곳을 고르세요.

> 따라서 잠이 안 올 때 숫자를 세거나 복잡한 이미지를 떠올리는 것은 좋지 않은 방법이다.

● **다음을 읽고 물음에 답하세요.**

> 스마트폰의 앱을 이용해 다양한 혜택을 누리는 일명 '앱테크'가 모바일 시대 새로운 풍속도로 떠오르고 있다.
>
> A 씨는 집안일을 하면서 시간이 날 때마다 한 스마트폰 애플리케이션에 접속해 광고를 본다. 이렇게 광고를 보고 퀴즈를 풀면 100원에서 4000원에 이르는 적립금을 받을 수 있는데 이 적립금으로 통신비 결제는 물론 3만 원 이상이면 현금으로도 돌려받을 수도 있다. 요즘처럼 ㉠광고 홍수 시대에 광고주 입장에서는 광고 효율을 높이고 소비자들은 직접적인 혜택을 바로 받을 수 있어서 호응이 굉장히 좋다.
>
> 주부 B 씨는 쇼핑을 갈 때마다 꼭 챙기는 것이 있는데 바로 스마트폰 포인트 앱이다. 다양한 매장에서 물건을 사고 받은 포인트로 상품권이나 할인권을 받는데 포인트 앱은 기존의 플라스틱 포인트 카드에 편리성과 관리 기능이 강화돼 사용자가 꾸준히 늘어나고 있다.

14. 위의 글과 다른 것을 고르세요.

① 핸드폰 광고는 광고 효율이 떨어진다.

② 스마트폰 포인트는 사용자가 증가하고 있다.

③ 스마트폰을 통해 쇼핑을 할 때 포인트를 받을 수 있다.

④ 핸드폰의 광고와 퀴즈를 통해 수입이 생기는 방법이 있다.

15. ㉠의 의미는 무엇입니까?

____

단어장

대화

유용하다 형 쓸모가 있고 도움이 되다

예 이 책은 어린아이에게 유용한 책이다.

화초 명 모든 풀과 나무

예 우리 부모님의 취미는 화초 키우기이다.

윤기 명 반짝반짝하고 매끄러운 느낌

예 유리창을 윤기가 날 때까지 닦았다.

찌든 때 표 오래되어서 잘 닦이지 않는 더러운 것

예 이 셔츠를 빨지 않고 오랫동안 두었더니 찌든 때가 생겼다.

다방면 명 여러 면

예 그는 음악, 체육, 미술 등 다방면에 재능이 있다.

제거하다 동 없애 버리다

예 냉장고 냄새를 제거하기 위해 깨끗하게 청소를 했다.

이왕(에) 부 이미 정해진 사실로 그렇게 된 바에

예 이왕 할 일이면 빨리 하는 게 좋겠다.

탁월하다 형 다른 사람이나 물건보다 뛰어나다

예 우리 선생님은 특히 문법 설명에 탁월하시다.

희석하다 동 물을 넣어서 진한 것을 약하게 만들다

예 술이 너무 세면 물을 넣어서 희석해서 마시는 방법이 있다.

농약 | 명 농작물에 해로운 벌레를 죽이는 약

예 농약이 없는 야채는 다른 야채보다 가격이 비싸다.

성분 | 명 어떤 것을 이루고 있는 부분

예 이 약에는 코감기를 치료하는 성분이 있다.

담그다 | 동 물 같은 액체 안에 어떤 것을 넣다

예 뜨거운 물에 오랫동안 몸을 담그면 안 된다.

위반 | 명 법을 지키지 않는 것

예 자동차를 빠르게 운전해서 속도위반 스티커를 뗐다.

뿌리다 | 동 곳곳에 떨어질 수 있게 하다

예 몸에 향수를 너무 많이 뿌리지 마세요.

떼다 | 동 붙어 있는 것을 떨어지게 하다

예 신발에 붙은 껌을 쉽게 뗄 수 있는 방법을 아시나요?

용도 | 명 쓰이는 곳

예 가방의 용도를 먼저 생각한 후에 사야 할 가방의 크기를 결정해야 한다.

어휘 확장

용량 | 명 그릇 같은 데에 들어갈 수 있는 양

예 이 화장품은 용량에 비해 비싸지만 좋은 성분이 들어 있다고 한다.

유효기간 | 명 이 상품을 정상적으로 사용할 수 있는 기간

예 유효기간이 지난 우유를 먹으면 배가 아프다.

효능 명 효과를 나타내는 능력(주로 약에서 사용됨)

예 이 약의 효능은 먹은 지 한 달 후부터 볼 수 있다.

취급 명 물건을 사용하거나 대상으로 하는 것

예 이 식당에서는 신선한 재료만 취급한다.

주의 사항 명 조심해야 할 점

예 바다에서 수영을 할 때에는 주의사항을 잘 지켜야 한다.

용법 명 사용방법

예 약을 먹기 전에 용법을 잘 읽어야 한다.

주요 명 중요한 요소

예 이 시각 주요 뉴스를 알아보겠습니다.

바르다 동 물이나 화장품 등을 고르게 묻히다

예 모기에 물리면 긁지 말고 약을 바르세요.

묻히다 동 물이나 가루 등을 다른 곳에 발라서 남게 하다

예 장갑을 끼면 물을 묻히지 않고 설거지를 할 수 있다.

붓다 동 물이나 가루 등을 다른 곳으로 옮기다

예 요리하고 남은 국을 작은 통에 부었다.

따르다 동 그릇을 기울여 안에 있는 물을 조금씩 다른 곳으로 옮기다

예 입구가 좁은 병에 물을 따를 때는 천천히 해야 한다.

읽기

요모조모	명 사물의 요런 면 조런 면

예 전자제품을 구입할 때는 제품의 요모조모를 살펴본 후에 선택하는 것이 좋다.

수증기	명 기체 상태의 물

예 찜 요리는 물이 끓어오르면 생기는 수증기로 재료를 익히는 요리이다.

묵은 때	명 오래된 때

예 오늘은 손이 닿지 않는 곳의 묵은 때까지 다 벗겨내는 대청소를 했다.

배다	동 냄새 등이 스며들어 오랫동안 남아 있다

예 플라스틱 통에 김치를 보관했더니 김치 냄새가 배었다.

고무줄	명 고무로 만들어 잘 늘어나는 줄

예 목에서 땀이 나자 아이들은 가지고 있던 고무줄로 머리를 묶었다.

비린내	명 물고기나 동물의 피 등에서 나는 안 좋은 냄새

예 생선을 손으로 만지면 손에서 비린내가 나기 마련이다.

축축하다	형 물기가 있어 젖은 듯하다

예 옷이 다 마르지 않아서 아직 축축하다.

기화열	명 액체가 기체로 변화할 때 생기는 열량

예 물을 끓이면 기화열이 생긴다.

발생하다	동 어떤 일이나 사물이 생겨나다

예 사건이 발생한 지 두 시간이 지나서 경찰이 도착했다.

쫄깃하다	형 씹히는 느낌이 물렁하지 않고 약간 질긴 듯하다

예 라면을 적당한 시간 동안 끓이면 쫄깃하지만 너무 오래 끓이면 그렇지 않다.

변형되다 동 모양이나 형태가 달라지다

예 나무로 만든 가구는 강한 햇빛을 오래 보면 형태가 변형될 수 있다.

살균 명 세균 등을 죽이는 것

예 식초는 살균 효과가 있다고 한다.

말끔하다 형 맑고 환하게 깨끗하다

예 해야 할 일을 끝까지 말끔하게 처리했다.

얹다 동 위에 올려 놓다

예 열이 나는 아기의 이마 위에 물수건을 얹어 놓았다.

탈취 동 냄새를 빼서 없앰

예 전자레인지에 오렌지 껍질을 넣고 돌리면 탈취 효과가 있다.

우려내다 동 물체를 액체에 넣어 맛, 성분 등이 배어들게 하다

예 뜨거운 물에 녹차 잎을 넣고 2-3분 간 우려낸 후에 드십시오.

효과적 관 명 어떤 목적을 지닌 행동으로 보람이나 좋은 결과가 나오는. 또는 그런 것

예 우리는 짧은 시간 안에 일을 마칠 수 있는 효과적인 방법을 함께 생각해 보았다.

추상적 관 명 현실에는 없는 확실히 설명할 수 없는. 또는 그런 것

예 그 사람의 말은 언제나 추상적이어서 이해하기 어렵다.

연관을 짓다 동 연결해서 생각하다

예 그때 사건하고 지금의 사건을 연관 지으면 안 된다.

이미지 명 어떤 사람이나 사물에서 받는 느낌

예 그 사람은 내 기억 속에 좋은 이미지로 남아 있다.

맛이 나다 동 무언가를 하고 싶은 기분이 들다

예 새 책상과 의자를 샀더니 공부할 맛이 난다.

발표하기

● 모둠 친구들과 서로의 한국어 학습법을 공유하고, 좋은 한국어 학습법에 대해 정리해 보세요.

준비하기

1. 나의 한국어 학습법

(1) 말하기

말하기 연습 방법	장점과 단점

(2) 읽기

읽기 연습 방법	장점과 단점

(3) 쓰기

쓰기 연습 방법	장점과 단점

(4) 듣기

듣기 연습 방법	장점과 단점

발표하기

- 우리 모둠 친구들의 한국어 학습법 중 소개할 만한 것을 골라 발표해 보세요.

풍습과 축제

06

06 풍습과 축제

어휘

● 다음 빈칸에 들어갈 알맞은 단어를 고르세요.

1. 옛날에는 (   )을/를 신문이나 라디오를 통해 알렸지만, 요즘은 핸드폰 문자로 알리기도 한다.

❶ 부적 ❷ 풍년 ❸ 문상 ❹ 부고

2. 그 사람의 죄는 법정에서 무죄로 (   ).

❶ 주목되었다 ❷ 평가되었다 ❸ 함유되었다 ❹ 입증되었다

3. 그는 가족에게 (   ) 자신의 꿈을 펼칠 수 없었다.

❶ 얽매여서 ❷ 부담이라서 ❸ 우려해서 ❹ 무안해서

4. 요즘 경기가 점점 회복되는 (   ).

❶ 기대이다 ❷ 마음이다 ❸ 추세이다 ❹ 중이다

5. 각 나라들은 자국의 이익을 (   )

❶ 추구한다 ❷ 의사한다 ❸ 주저한다 ❹ 집착한다

● 다음 밑줄 친 표현과 반대되는 단어를 고르세요.

6. 이 물건은 디자인만 예쁘고 성능이 좋지 않아서 쓸 만하지 않다.

❶ 유용하다 ❷ 유익하다 ❸ 용이하다 ❹ 용감하다

7. 주말에 갑자기 친한 친구가 놀러 와서 재미있게 시간을 보냈다.

❶ 놀랍게 ❷ 정신없이 ❸ 무료하게 ❹ 한심하게

● **다음 밑줄 친 단어와 바꾸어 쓸 수 있는 단어를 고르세요.**

8. 대학교에서는 봄을 맞이하여 <u>여러 가지</u> 축제를 마련하였다.

① 맛깔스러운 ② 신비한 ③ 다채로운 ④ 소소한

9. 전통적으로 한국은 시신을 <u>땅에 묻는</u> 문화를 가지고 있었다.

① 간직하다 ② 저장하다 ③ 화장하다 ④ 매장하다

10. 보령 머드 축제는 여러분에게 <u>색다른</u> 경험을 선사할 것입니다.

① 평범한 ② 다양한 ③ 이상한 ④ 이색적인

문형

● **다음 밑줄 친 표현과 바꾸어 쓸 수 있는 표현을 쓰세요.**

11. 내가 무슨 말을 <u>할 때마다</u> 화를 내서 그 사람과 말을 할 수가 없어.

12. 그 일에 대해 <u>이야기하려고 하면</u>, 밤을 새워도 모자랄 거야.

읽기

● **다음 빈칸에 알맞은 표현을 쓰세요.**

유학생들 대부분이 그렇겠지만 한국 유학을 결정하기란 쉽지 않았다. 우선 부모님의 반대가 가장 컸고, 나도 혼자서 유학하는 것을 잘 할 수 있을지 자신이 없었다. 평소 소극적이고 내성적인 성격 탓에 친구가 많지 않은 나는 한국에 가서 진짜 외톨이가 될까 봐 걱정도 되었다.

반대와 걱정을 안고 온 한국 유학은 처음엔 예상했던 대로 힘들었다. 한국어는 생각보다 어려웠고, 한국 생활이 만만치 않았다. 그런데 시간이 지날수록 한국 생활에 적응해 가면서 내 성격도 점점 변화되었다. 한국에서 적응하기 위해 노력하면서 소극적인 성격이 적극적인 성격으로 변해 갔고, 같은 반에서 공부하는 친구들과 어울려서 함께 공부하고 놀러 다니는 사이에 성격도 사교적으로 바뀌었다. 한국 유학 동안 한국어를 공부하고, 성격까지 바뀌었으니 이거야말로 (　　　), 일거양득이라고 할 수 있을 것이다.

13. (　　　　　　　　　　　　　　　　　　)

: 한 가지 일을 해서 두 가지의 이익을 얻는다.

● **다음을 읽고 물음에 답하세요.**

5월은 축제의 계절이다. 우리나라 전역에서 크고 작은 축제들이 열리고 있다. 5월뿐만 아니라 매달 전국에서 축제가 열리는데, 1년 동안 전국 곳곳에서 2천 500여 개의 지역 축제가 열리는 것으로 추산되고 있다. 각 지자체들은 지방자치제 실시 이후 지역의 특색에 맞는 축제 상품을 개발해 관광객을 끌어들이고 지역 홍보를 통해 지역 경제 활성화를 꾀하고 있다. 이 중 몇몇 축제들은 이미 해외에까지 알려져 유명세를 타고 있으나, 우후죽순 생겨난 지역축제는 부실한 내용과 운영 미숙으로 생겼다가 이내 사라지곤 한다.

지역 축제의 가장 큰 문제점은 정체성 미흡이다. 자신의 지역에 맞는 축제 프로그램을 개발하지 못하고, 성공한 지역 축제를 따라하기에 급급해 붕어빵식 축제로 전락하고 마는 것이다. 축제 내용은 부실하고, 여기저기서 물건을 파는 상점만 즐비하여 상업주의적인 색채가 더해지면서 관광객들에게 외면을 당하게 되는 것이다. 이것은 곧 지역 예산 낭비로 이어진다.

지역 축제가 지역 축제다운 역할을 하기 위해서는 지자체별로 지역의 브랜드를 갖추어서 (　　　　　　　), 양을 늘릴 것이 아니라 내실 있는 축제 하나를 육성해야 한다. 그렇게 된다면 예산만 낭비하는 전시성 축제에서 벗어나 지역 주민이 화합할 수 있는 축제, 지역 경제를 살릴 수 있는 축제로 거듭날 것이다.

14. 이 글의 제목으로 알맞은 것을 고르세요.

① 지역 축제의 종류

② 지역 축제의 전망

③ 지역 축제의 의의

④ 지역 축제의 문제점

15. (   )에 들어갈 내용으로 알맞은 것을 고르세요.

① 여러 종류의 축제를 준비해야 하며

② 경쟁력과 수익성을 동시에 고려해야 하며

③ 독창적이고 차별화된 축제를 기획해야 하며

④ 지역 주민들이 서로 화합할 수 있는 장을 마련해야 하며

단어장

- 대화

측 명 (서로 다른 무리의) 한쪽을 나타내는 말

예 이번 선거에서는 야당 측이 우세했다.

양가 명 두 편의 집(대부분 신랑, 신부의 집을 말한다)

예 양가 부모님을 모시고 결혼식을 올렸다.

사주 명 (사람의 운명을 다스린다는) 사람의 태어난 연, 월, 일, 시

예 사주가 나쁘다는 이유로 결혼을 취소하는 사람도 있다.

혼서지 명 신랑 집에서 신부 집에 보내는 편지

예 혼서지에는 신랑의 가족과 이름과 신부 부모님의 이름이 적혀 있다.

얽매이다 | 동 마음대로 행동할 수 없도록 몹시 구속되다

예 그는 가족에게 얽매여 자신의 꿈을 포기하였다.

실용적 | 관 명 실제로 쓰기에 알맞은. 또는 그런 것

예 새로 산 의자는 공부할 때도 쓸 수 있고 쉴 때도 편해서 실용적이다.

추구하다 | 동 목적을 이룰 때까지 뒤쫓아 구하다

예 각 나라들은 자국의 이익을 추구한다.

추세 | 명 어떤 현상이 일정한 방향으로 나아가는 경향

예 땅값이 하락 추세이다.

어휘 확장

혼례 | 명 결혼식

예 옛날에는 혼례를 신부 집에서 치렀다고 한다.

피로연 | 명 결혼, 출생 등 좋은 일을 알리는 잔치

예 결혼식만 보고 바빠서 피로연에는 참석하지 못했다.

혼인 | 명 남자와 여자가 부부가 되는 일

예 두 사람은 혼인날을 정하고 예식장을 알아봤습니다.

서약 | 동 약속하고 맹세하다

예 두 사람이 혼인을 서약할 때 반지를 주고 받았다.

하객 | 명 결혼식에 축하하러 온 손님

예 이 사람의 결혼식에는 하객이 모두 5000명이나 되었다.

양가 명 남자 쪽과 여자 쪽의 집 모두

예 양가 어른을 모시고 혼인 서약을 했다.

비공개적 명 남에게 알리거나 보이지 않는. 또는 그런 것

예 유명한 배우 부부는 비공개적으로 결혼식을 올렸다.

소요 시간 명 무엇을 하는 데에 걸리는 시간

예 신분증을 만드는 데에 소요 시간이 얼마나 걸리는지 궁금합니다.

함 명 혼인때 신랑 쪽에서 혼서지, 예단을 넣어 신부 쪽에 보내는 상자

예 결혼 전날 신랑 친구들이 신부 집에 함을 판다.

방명록 명 어떤 일에 찾아온 사람들을 기념하기 위해 이름을 적는 책

예 먼저 방명록에 이름을 쓰고 입장해 주시기 바랍니다.

축의금 명 축하의 뜻으로 주는 돈

예 보통 결혼식 축의금에 얼마를 내는 것이 좋아요?

협의 동 서로 의견을 이야기하다

예 서로 협의하여 결정해야 문제가 없다.

정성스레 부 성실한 마음으로 할 수 있는 노력을 다하여

예 그 여자는 갑자기 손님이 왔을 때 싫은 모습을 보이지 않고 정성스레 식사를 대접했다.

조문객 명 남의 죽음에 대하여 슬퍼해하며 위로하러 온 손님

예 조문객들은 고개를 숙여 고인의 명복을 빌었다.

고인 명 죽은 사람

예 이 분은 건강했지만 갑자기 아파지다가 지금은 고인이 되었다.

시신 | 명 죽은 사람의 몸

예 폭탄 테러로 인해 사망자의 시신을 알아볼 수 없게 되었다.

지인 | 명 아는 사람

예 지인의 추천을 받아 이 땅에 투자하기로 결정했다.

공개하다 | 동 어떤 사실을 여러 사람에게 알리다

예 정부는 국민에게 이 사건을 정확하게 공개해야 한다.

매장하다 | 동 시신을 땅에 묻다

예 가족들은 아버지의 시신을 산에 매장하기로 했다.

화장하다 | 동 시신을 불에 태우다

예 할머니는 돌아가시기 전에 산에 매장하는 것 대신에 화장해 달라고 하셨다.

부고 | 명 사람의 죽음을 알리는 것

예 그는 아버지의 부고를 받자마자 고향으로 갔다.

문상 | 명 남의 죽음에 대하여 슬퍼해하며 위로하는 것. (같은 말) 조문

예 문상을 하러 갈 때 검은색 정장을 준비해야 한다.

읽기

풍년 | 명 곡식이 잘 자라고 다른 해보다 농사가 잘 된 해

예 올해는 날씨가 좋아서 풍년이 들었다.

기원하다 | 동 바라는 일이 이루어지기를 빌다

예 새해에도 더욱더 건강하시기를 기원합니다.

물리치다 형 적이나 나쁜 것들을 거절하고 없애 버리다

예 사악한 기운을 물리치기 위해 신께 기도를 드린다.

소원 성취 명 원하는 것을 이루는 것

예 그 사람은 드디어 원하는 대학에 가서 소원 성취를 했다.

부적 명 사악한 기운을 물리치기 위한 그림이나 글씨가 있는 종이

예 그 사람은 부적을 지갑 속에 항상 가지고 다닌다.

색다르다 형 비슷하지만 보통과는 다른 특별한 것이 있다

예 그 여자는 평소에 바지만 입었지만 오늘은 조금 색다르게 치마를 입어 보았다.

소중하다 형 아주 중요하다

예 나는 무엇보다 가족이 소중하다.

더없이 부 더할 수 없이

예 원하는 시험에 합격한 이 사람에게 오늘은 더없이 기쁜 날이다.

뒹굴다 동 누워서 이리저리 구르다

예 하는 일 없이 방에서 하루종일 뒹굴었다.

일상 명 날마다 반복되는 생활

예 현대인들은 바쁜 일상 속에서 제대로 식사를 하지 못한다.

입증되다 동 어떤 증거 같은 것이 나와서 증명되다

예 이 사람은 법정에서 무죄로 입증되었다.

액운 명 나쁜 일을 당할 운수

예 그는 올해에 교통사고라는 큰 액운을 겪었다.

사악하다 형 간사하고 악하다

예 그들은 사악한 행동을 계속하였다.

신비하다 형 어떤 일이 보통의 상식으로 설명되기 어렵다

예 이 사람은 신비한 경험을 한 후에 완전히 다른 사람이 되었다.

신사 명 일본에서 국가에 공로가 많은 사람을 신으로 모신 사당

예 일본 교토에는 신사가 많이 있다.

탈출 명 어떤 상황에서 빠져나옴

예 죄수는 감옥에서 탈출하려고 했지만 계속 실패를 했다.

이맘때 동 이만큼 된 때

예 해마다 이맘때 나무에 감이 주렁주렁 열리곤 했다.

다량 명 많은 분량

예 오래된 고기에서 세균이 다량으로 나왔다.

함유하다 동 어떤 것을 포함하고 있다

예 콩은 단백질을 다량으로 함유하고 있다.

일석이조 명 동시에 두 가지 이익을 본다는 뜻(돌 한 개를 던져서 새 두 마리를 잡는다)

예 영화관에서 아르바이트를 하면 영화도 보고 돈도 벌 수 있어서 일석이조이다.

무료하다 형 심심하고 지루하다

예 주말에 갑자기 약속이 취소되는 바람에 텔레비전을 보면서 무료하게 있었다.

만점 명 규정에 꽉 찬 점수. 부족함이 없이 아주 만족할 정도

예 우리 엄마 음식 솜씨는 10점 만점에 10점이다.

장관 명 훌륭하고 멋진 광경, 경치

예 등산을 할 때 힘들었지만 정상에서 본 장관은 잊을 수 없다.

기적 명 상식으로는 생각할 수 없는 신비한 일

예 공부를 하지 않고 시험에 합격하는 기적은 일어나지 않는다.

조차 명 밀물과 썰물의 차이

예 한국은 동해안보다 서해안이 조차가 크다.

맛깔스럽다 형 입맛을 확 당길 정도로 음식이 맛이 있다

예 할머니가 차려주신 밥상에는 맛깔스러운 반찬이 많이 있었다.

다채롭다 형 여러 가지 색채나 형태, 종류가 어우러져서 화려하다

예 대학교에서는 봄을 맞이하여 다채로운 축제를 마련하였다.

선보이다 동 물건이나 사람의 좋고 나쁨을 알아보기 위해 보여주다

예 이 소설가는 새로운 형식의 소설을 선보였다.

이색적 관 명 보통의 것과 색다른 성질을 지닌. 또는 그런 것

예 이 지역에 가면 전통적인 한국과는 다른 이색적인 풍경을 볼 수 있다.

현상 명 인간이 알고 느낄 수 있는 일의 상태나 모양

예 현대 사회에서는 가족의 규모가 작아지는 현상이 일어나고 있다.

간직하다 동 오랫동안 소중하게 보관하다

예 나는 친구들에게 받은 편지들을 오랫동안 간직해 오고 있다.

무형문화재 명 연극, 춤, 음악 등 모양이 없지만 예술적으로 의미가 큰 것. 또는 그런 사람

예 오늘은 무형문화재인 판소리 공연을 보기로 하였다.

접하다 동 가까이 대하다

예 박물관 방문은 한국 전통 문화를 접하는 좋은 기회가 될 수 있다.

발표하기

● 여러분 나라의 유명한 축제에는 어떤 것이 있습니까? 그에 대한 정보를 조사하여 발표해 보세요.

준비하기

1. 개최지

2. 행사 기간

3. 참가 대상

4. 교통편

5. 행사 유래

사진이나 그림

6. 행사 내용

사진이나 그림

사진이나 그림

7. 특징

8. 기타

발표하기

- 프리젠테이션 자료를 미리 구성해 보세요.

제목:

발표자:

07

삶과 죽음

07 삶과 죽음

어휘

● **다음 빈칸에 들어갈 알맞은 단어를 고르세요.**

1. 그 환자는 인공적인 장치에 의지해서 하루하루를 겨우 (   ) 있다. 남은 날이 얼마 남지 않은 듯하다.

① 연결하고　② 연명하고　③ 연구하고　④ 연수하고

2. 항생제를 (   )하면 결국에는 내성이 생길 수 있다.

① 부작용　② 잘못　③ 오남용　④ 보관

3. 조선 시대에는 양반과 서민 등의 (   )이/가 있었는데, 요즘은 그 경계가 사라졌다.

① 계층　② 조상　③ 부족　④ 친족

4. 그 기업은 이미 (   )할 가능성이 없다. 곧 파산할 것이다.

① 기생　② 불가피　③ 실행　④ 회생

5. 오늘은 특별 수업이 있어서 말하기 수업을 15분 정도 (   ) 마치겠습니다.

① 끝내고　② 축약하고　③ 연기하고　④ 단축하고

● **다음 밑줄 친 표현과 바꿔 쓸 수 있는 단어를 골라 쓰세요.**

대체	야기하다	회생	극심하다

6. 폭풍이 연일 이어져서 수도권 지방의 피해가 <u>매우 심하다.</u>

7. 전국의 버스 파업이 장기화되어 <u>대신 다른</u> 인력을 투입했는데도 불구하고 별 효과가 없었다.

● **다음 밑줄 친 단어와 <u>반대되는</u> 단어를 고르세요.**

8. 당국은 이번 전염병을 막기 위해 <u>적극적인</u> 방어에 나섰다.

① 소심한 ② 긍정적인 ③ 부정적인 ④ 소극적인

9. <u>정당한</u> 이유를 대야 다른 사람들이 이해할 수 있을 것이다.

① 적당한 ② 바르고 마땅한 ③ 사리에 맞는 ④ 이치에 맞지 않는

문형

● **다음 밑줄 친 표현과 바꾸어 쓸 수 있는 표현을 쓰세요.**

10. 시험에 통과하지 <u>못하더라도</u> 너무 실망하지 마세요.

11. 내가 시간이 <u>정말 없지만</u> 너를 도와주러 온 거야, 그러니까 고맙게 생각해라.

읽기

● **다음을 읽고 물음에 답하세요.**

삶을 살아가는 이유는 어디에서 찾으면 좋을까? 삶과 죽음에 대한 명언도 다양하다.

- 문제는 어떻게 죽느냐가 아니고 어떻게 사느냐이다.
- 죽음 자체는 중요하지 않다, 그것은 한순간의 일이다.
- 사람은 언제나 남의 죽음을 보고도 자신의 죽음은 모르고 산다.
- 산다는 것은 호흡하는 것이 아니라 행동하는 일이다.
- 인생이란 짧은 것이다. 그러나 시간의 낭비는 인생을 더욱 짧게 한다.
- 인생은 자전거를 타는 것과 같다. 당신이 계속 페달을 밟는 한 당신은 넘어질 염려가 없다.

이처럼 인생을 살아가면서 갖는 고민과 물음에 대한 구체적인 답은 사람마다 다르고 그 답을 찾아가면서 겪는 슬픔과 고난도 각기 다를 것이다. 하지만 가장 중요한 공통점은 저마다 자신의 행복을 위해 살아간다는 점이다.

인생을 여행에 비유하자면 여행을 하면서 즐거운 일도 힘든 일도 있지만 그 안에서 세상을 더 이해하게 되며 달라진 자신을 만나게 된다. 하지만 여행이 힘들다고 가지 않게 되면 그 모든 것이 사라지게 되는 것이다.

어떤 여행을 시작할지는 자신의 선택이다. 미래 어딘가에 대한 걱정과 우려가 생길지라도 미리 불안에 떨 이유는 없을 것이다. 그 길이 자신의 행복과 이어져 있다고 믿자.

12. 다음 중 위에서 언급한 삶과 죽음에 대한 태도가 <u>아닌</u> 것은 무엇입니까?

❶ 인생을 낭비해서는 안 된다

❷ 타인의 죽음은 타인의 일일 뿐이다.

❸ 죽는 것보다 살아가는 방식이 중요하다.

❹ 인생은 계속 새로운 페달을 밟듯이 나아가야 한다.

13. 인생에서 가장 중요한 것은 ( )을/를 추구하는 것이다.

14. 위에서 인생을 여행에 비유한 이유는 무엇입니까?

단어장

대화

의사 ㉢명 무엇을 하고자 하는 생각

㉠예 네 의견에 따를 의사가 있다.

단축하다 동 짧게 줄이다

예 수업 시간을 15분 단축했다.

연명하다 동 목숨을 겨우 이어 살아가다

예 우리는 산나물을 캐어 하루하루 연명해 갔다.

정당하다 형 올바르고 마땅하다

예 정당한 대우를 요구하다.

경시 명 중요하지 않게 생각하거나 깔봄

예 인명 경시 현상은 심각한 문제이다.

풍조 명 시대에 따라 다르게 되는 흐름

예 과소비 풍조는 지양해야 한다.

존엄성 명 매우 존귀하고 엄숙한 성질

예 인간의 존엄성은 무시되어선 안된다.

일각 명 한 귀퉁이 또는 한 방향

예 빙산의 일각

제도 명 규범이나 사회 구조의 체계

예 한국 정부는 국민연금제도를 실시하게 되었다.

오남용 명 기준이나 한도를 넘어서 함부로 쓰거나 잘못 사용함

예 약을 오남용하면 부작용이 생긴다.

우려 명 근심과 걱정

예 폭력적인 장면은 아이들의 정서를 해칠 우려가 있다.

계층 명 사회적 지위가 비슷한 사람들의 층

예 모든 계층의 사람들이 참여한다.

제기하다 동 의견이나 문제를 내어 놓다

예 다른 의견을 제기하다.

집중적 관 명 한곳으로 중심으로 모이거나 모으는 또는 그런 것

예 서울에 인구가 집중적으로 몰리고 있다.

통계 명 어떤 현상을 알아보기 쉽게 숫자로 나타낸 것

예 인구 통계 자료

말기 명 일이나 기간의 끝이 되는 때

예 조선 말기

사망 명 사람이 죽음

예 주민센터에 사망 신고서를 제출했어요.

직전 동 일이 일어나기 바로 전

예 잠들기 직전에는 음식을 드시지 마세요.

차원 명 사물이나 사건을 보거나 생각하는 처지

예 국가적 차원의 해결 방법이 필요하다.

측면 명 한 부분이나 한쪽 면

예 그 사람은 부정적인 측면에서 말했다.

어휘 확장

극심하다 형 매우 심하다

예 가뭄 피해가 극심하다.

고통 명 몸이나 마음이 괴롭고 아픔

예 그 병은 고통이 극심했다.

불치 명 병이 잘 낫지 아니하거나 고칠 수 없음

예 아내의 병은 불치의 암이었다.

단축하다 동 시간이나 거리를 짧게 줄이다

예 점심시간이 20분 단축되었다.

대체하다 동 다른 것으로 대신하다

예 지하철 파업이 장기화되면서 대체 인력을 투입했다.

인정하다 동 확실히 그렇다고 여기다

예 그의 주장이 타당하다고 인정되었다.

회생 명 다시 살아남

예 그 회사는 이미 회생 가능성이 없다.

진지하다 형 태도나 행동이 참되고 착실하다

예 그는 선생님의 제안을 진지하게 받아들였다.

중단하다 동 어떤 일을 하다가 중간에서 멈추다

예 핸드폰 수출을 중단했다.

실행하다 동 어떤 일을 실제로 해나가다

예 이 계획은 실행하기가 어렵다.

추세 명 어떤 현상이 일정한 방향으로 나아가는 경향

예 땅값 하락 추세가 계속되고 있다.

읽기

가치 명 사물 등이 갖고 있는 쓸모나 중요성

예 가치 있는 삶을 살아야 한다.

과연 부 아닌 게 아니라 정말. 참으로

예 과연 훌륭한 사람이구나!

일맥상통하다 명 상태, 성질 등이 서로 비슷해지다

예 우리는 이론과 실제가 일맥상통하기를 바란다.

켠 명 편

예 마음 한 켠에 불편함이 있다.

사후 명 죽은 후

예 사후 세계에 관심이 많다.

상속 명 뒤를 잇는 것

예 집과 토지와 예술품 등을 상속받았다.

절차 명 일을 하는 데 거쳐야 하는 순서나 방법

예 모든 일에는 절차가 있는 법이다.

장지 명 장사해서 시체를 묻는 땅

예 장례 후에 장지로 향했다.

불의 명 의리, 정의 따위에 맞지 않음

예 그 나라 국민들은 불의에 항거하며 일어섰다.

의료행위 명 의술로 병을 고치려고 하는 활동

예 일반인에 대한 채혈 등의 의료행위는 불법이다.

장기 기증 명 내장을 다른 사람에게 주는 것

예 그 사람은 장기를 기증하기로 했다.

합법화 명 법이나 규범에 맞도록 함

예 노동조합이 합법화되었다.

야기하다 동 일, 사건 등을 일으키다

예 그의 발언은 새로운 문제를 야기했다.

약물 명 약의 재료가 되는 물질

예 약물을 남용하면 부작용이 생길 수 있다.

기구 명 세간, 도구, 기계 등을 이르는 말

예 부엌을 정리하느라 조리 기구를 다 꺼냈다.

힘을 싣다 동 손쉽게 될 수 있도록 하다

예 장관은 대통령의 말에 힘을 실어 주었다.

치명적 관 명 일의 흥망, 성패에 결정적으로 영향을 주는. 또는 그런 것

예 공장에 난 불은 회사에 치명적인 손실을 입혔다.

시선 명 주의 또는 관심을 비유적으로 이르는 말

예 최근 환경 문제에 사람들의 시선이 집중되고 있다.

약자 명 나이가 어리거나 몸이 약한 사람

예 사회는 약자를 보호해야 할 의무가 있다.

부담 명 의무나 책임을 짐

예 해외여행은 경제적으로 부담이 된다.

원칙 명 행동이나 이론에서 지켜야 하는 기본적인 규칙이나 법칙

예 일을 시작하기 전에 원칙을 세워야 한다.

불가피하다 형 피할 수 없다

예 정치의 개혁이 불가피하다.

존엄하다 형 감히 손상할 수 없을 정도로 높고 엄숙하다

예 인간은 태어나는 순간부터 누구나 존엄하다.

고의 명 일부러 하는 생각이나 태도

예 그 행동은 고의라기보다는 작은 실수였다.

타의 명 다른 사람의 생각이나 태도

예 자의 반 타의 반으로 그 일을 하게 되었다.

훼손하다 동 체면이나 명예를 손상하다

예 명예를 훼손하여 고소했다.

악용되다 동 나쁘게 사용되다

예 제도가 악용되어서 피해를 보는 이들이 많다.

여지 명 어떤 일을 하거나 일이 일어날 가능성

예 우리에게 선택의 여지가 없다

품위 명 사람이나 사물이 가지고 있는 격이 높은 인상

예 교사의 품위를 지키다.

불치병 명 고칠 수 없는 병

예 그 병은 이제 불치병이 아니다.

인공호흡기 명 인공적으로 호흡을 조절하여 환자의 몸에 산소를 넣는 기계

예 그는 인공호흡기로 생명을 간신히 유지하고 있다.

의지하다 동 다른 것에 마음을 기대어 도움을 받다

예 어머니는 아들 하나만을 의지하고 살았다.

연장하다 동 시간이나 거리를 본래보다 길게 늘리다

예 의학의 발달로 인간의 평균 수명이 연장되었다.

중환자 명 병세의 정도가 매우 심한 사람

예 그의 모습은 한눈에 중환자임을 알아볼 수 있게 했다.

지옥 명 아주 괴롭거나 참담한 광경 또는 그런 상황

예 출근 시간의 도로 위는 교통 지옥이었다.

짐작하다 동 사정이나 형편을 어림잡아 헤아려 추측해 보다

예 우리는 그의 이야기를 듣고 사건의 진상을 짐작할 수 있었다.

(생명의) 끈 명 생명이라는 연결 줄

예 생명의 끈을 놓지 않아야 해.

강요하다 동 억지로 또는 강제로 요구하다

예 그는 나에게 집으로 돌아가기를 강요했다.

비참하다 | 형 더할 수 없이 슬프고 끔찍하다

예 사고 현장의 모습은 말로 다할 수 없이 비참했다.

무의미하다 | 형 아무 값어치나 의의가 없다

예 그런 일을 겪고 보니 사는 게 무의미하게 느껴진다.

존중하다 | 동 높고 귀중하게 대하다

예 학교는 학생들의 의견을 존중해야 한다.

맞이하다 | 동 오는 것을 맞다

예 문 앞에서 손님을 맞이했다.

성숙하다 | 어떤 사회 현상이 새로운 발전 단계로 들어설 수 있도록 조건이나 상태가 충분히 마련되다

예 금융 산업이 성숙하려면 자본주의 경제가 발달해야 한다.

판단 | 명 논리나 기준 등에 따라 판정을 내림

예 운동 경기의 심판은 정확한 판단을 내려야 한다.

발표하기

- **여러분 나라의 유명한 토론 프로그램은 어떤 것이 있습니까? 그 토론 프로그램이 유명한 이유는 무엇 때문이라고 생각합니까? 한국의 프로그램 중에서 토론 프로그램을 본 적이 있습니까?**

준비하기

1. 우리 나라의 유명한 토론 프로그램

(1) 프로그램 제목:

(2) 진행자 및 출연진:

(3) 그 토론 프로그램이 유명한 이유:

2. 내가 본 한국의 토론 프로그램

(1) 프로그램 제목:

(2) 방영 시간:

(3) 진행자 및 출연진:

(4) 토론 주제:

(5) 그 토론이 재미있는 이유

발표하기

● 친구들에게 소개해 주고 싶은 토론 장면을 찾아 발표해 보세요.

제목:

발표자:

08

속담과 표현

08 속담과 표현

어휘

● **다음 빈칸에 들어갈 알맞은 단어를 고르세요.**

1. 옛날에는 다른 나라에서 (   )이/가 오면 국가 전체가 신경을 쓰고 좋은 인상을 주려고 애썼다.

   ① 귀향　　② 친척　　③ 사신　　④ 어르신

2. 옛 선조들의 지혜와 지식을 잘 (   )서 발전시킬 수 있어야 한다.

   ① 주목해　　② 평가해　　③ 우려해　　④ 본받아

3. 그는 가족과 의견이 (   ) 자신의 꿈을 쉽사리 선택할 수 없었다.

   ① 상반돼서　　② 부담이라서　　③ 얽매여서　　④ 부끄러워서

4. 매일 어휘를 (   ) 암기했지만 신문의 주제들이 여러 가지여서 그런지 읽기가 쉽지 않았다.

   ① 기대하면서　　② 주자하면서　　③ 집착해서　　④ 되풀이해서

5. 재미있는 TV 프로그램에서는 출연자들이 (   ) 표현을 많이 하는 편이다.

   ① 추구하는　　② 과장된　　③ 견제하는　　④ 축적된

● **다음 밑줄 친 표현과 반대되는 단어를 쓰세요.**

6. 그 의사는 죽어가는 많은 환자들을 살렸다.

7. 동물들은 수컷들끼리 끊임없이 싸워서 서열을 정한다.

- **다음 밑줄 친 단어와 바꾸어 쓸 수 있는 단어를 고르세요.**

8. 그 남자는 어려운 시험에 응시하기 위해 수년 간 준비했다.

❶ 시험에 합격하기 ❷ 시험을 보기 ❸ 시험을 피하기 ❹ 시험을 건너뛰기

9. 일주일 내내 야근을 하는 바람에 집안 일이 태산이다.

❶ 끝도 없다. ❷ 산꼭대기이다. ❸ 증대한다. ❹ 정신 없다.

10. 새로운 영역에 두려움 없이 뛰어드는 것은 때로는 위험하지만 때로는 짜릿하기도 한 길이다.

❶ 서는 ❷ 도전하는 ❸ 집적거리는 ❹ 혼내는

문형

- **다음 밑줄 친 표현과 바꾸어 쓸 수 있는 표현을 쓰세요.**

11. 배가 고파서 그런 것 같은데 사람들이 기분이 안 좋아 보인다.

12. 우리가 아는 것처럼 한국의 수도는 서울이다.

읽기

- **다음 빈칸에 알맞은 표현을 쓰세요.**

13.

얼마 전 청파로 사거리에 있는 편의점에서 절도 사건이 일어났다. 날마다 물건이 없어지는 것을 눈치 챈 주인이 경찰에 은밀히 신고해서 CCTV를 분석하게 되었다. 편의점 주인은 지나가던 행인이 물건을 훔쳤으려니 생각했다. 그런데 경찰이 분석한 바에 의하면 물건을 절도한 것으로 보이는 범인은 가게 직원인 것으로 밝혀졌다. 그야말로 ( ).

● **다음을 읽고 물음에 답하세요.**

한국에서는 '외갓집 들어가듯 하다' 라는 속담이 있습니다. 여러분은 이 속담을 읽으면 어떤 생각이 드십니까? 한국 사람들이 보통 떠올리는 외가의 이미지는 정겹고 편안하고 따뜻한 이미지입니다. 어린 아이들이 시골의 어느 집 마당에 들어서면 어느 노부부가 그 어린 손주들을 반갑게 맞이하면서 "우리 똥강아지들 왔구나!" 얘기해 주시는 그런 느낌?

외손자들은 외갓집에 가면 자신들을 옥죄고 있던 압박과 스트레스, 규율에서 벗어나 마음껏 뛰어다닐 수 있는 자유를 느끼게 됩니다. 마당에서 흙을 파면서 놀아도 엄마도 기분이 좋아서 그런지 아무 잔소리를 하지 않으십니다. 누구의 눈치도 보지 않고 마음대로 뛰놀 수 있는 자유로움을 만끽할 수 있습니다.

여러분 나라에서 "외가"에 대한 이미지는 무엇입니까? 그리고 어떤 사람을 떠올릴 때 따뜻하고 안정된 느낌이 듭니까?

14. 위 내용과 같은 것을 고르세요.

① 외가집의 이미지는 해방감을 준다.

② 한국에서는 대부분 외가가 시골에 있다

③ 엄마들은 보통 외가에 가는 것을 탐탁지 않게 생각한다.

④ 위 내용에서 '똥강아지'의 의미는 장난을 많이 치는 더러운 아이들이라는 뜻이다.

15. 위에서 언급한 '외갓집 들어가듯 하다'의 의미를 써 보세요.

단어장

대화

김칫국 명 김치의 국물

예 하얀 옷에 김칫국이 묻으면 바로 물로 씻어야 한다.

대단하다 형 매우 크거나 심하다

예 대통령에 대한 사람들의 기대는 대단하다.

도전하다 형 정면으로 맞서 싸우다

예 그 사람은 한라산 등반에 도전하기 위해 제주도에 갔다.

수험번호 명 시험을 볼 때 부여받는 번호

예 시험을 보러 갈 때 수험번호를 꼭 기억해 가야 한다.

응시하다 동 시험을 보기 위해 접수하다

예 그는 대학원 시험에 응시하기 위해 일년 동안 준비를 했다.

졸업논문 명 졸업할 때 쓰는 논문

예 졸업논문을 쓰지 않는 한 대학원을 졸업할 수 없다.

주제 명 말하거나 연구할 때 가장 중요하고 중심이 되는 문제

예 이 글의 주제는 무엇입니까?

간 명 사이

예 부부 간에도 예의를 지켜야 한다.

지혜 명 사물의 이치를 빨리 깨닫고 옳고 그름을 가리는 정신적 능력

예 지혜가 많으면 어려운 일이 있을 때 잘 대처할 수 있다.

어휘 확장

태산 — 명 높은 산, 크고 많음

예 그 남자는 할 일이 태산인데 잠만 자고 있다.

등잔 — 명 등불을 놓는 밑받침

예 등잔 밑이 어둡다.

올챙이 — 명 개구리의 새끼, 초보자나 어떤 조직의 아랫사람

예 올챙이 변호사는 아는 게 많이 없으니까 경험이 많은 변호사를 찾아가야 한다.

지렁이 — 명 비가 오면 땅 밖으로 나오는 기어 다니는 벌레

예 낚시를 할 때 지렁이를 사용한다.

꿈틀하다 — 명 몸의 한 부분이 구부러지면서 움직이다

예 지렁이도 밟으면 꿈틀한다.

읽기

교훈 — 명 앞으로의 행동이나 생활에 도움이 될 만한 것을 가르치는 것

예 실패했지만 이것을 교훈으로 삼아서 다음부터 조심하면 된다.

비유적 — 관 명 어떤 현상을 직접 설명하지 않고 비슷한 것에 빗대어 설명하는. 또는 그런 것

예 소설이나 시에는 비유적인 표현이 많이 있다.

엿보다 — 동 숨어 있거나 보면 안 된다고 하는 것을 다른 사람 모르게 보다

예 그 남자는 옆에 있는 여자의 얼굴을 계속 엿보았다.

상반되다 동 서로 반대되거나 어긋나게 되다

예 그의 행동은 자신의 주장에 상반된 것이었다.

되풀이하다 동 반복해서 같은 행동을 하다

예 사람은 똑같은 실수를 되풀이하고 싶어하지 않는다.

짝 명 둘 또는 그 이상이 하나를 이루는 것, 또는 그 중 하나

예 이 젓가락은 길이가 다른 것을 보니까 짝이 맞지 않다.

비논리적 관 명 논리에 맞지 않는 것. 또는 그런 것

예 그의 주장은 앞뒤가 다른 비논리적이다.

축적되다 동 지식, 경험, 재산 등이 모여서 쌓이다

예 그 기업은 오랜 시간 동안 축적된 경험을 바탕으로 사업을 성장시켰다.

과장되다 동 사실보다 지나치게 불려서 나타나다

예 그 사람은 말을 할 때 과장된 표현을 많이 한다.

고사성어 명 옛이야기가 담긴 4개의 글자로 이루어진 말

예 중국의 역사 이야기에서 나온 고사성어가 많이 있다.

모성애 명 자식을 사랑하는 어머니의 본능적인 마음

예 대부분의 여자는 아이가 없어도 모성애를 가지고 있다고 한다.

수컷 명 남자 동물을 이르는 말

예 수컷들끼리 먹이를 놓고 싸운다.

장수 명 오래 사는 것

예 할아버지, 할머니 무병장수하세요.

본받다 | 동 본보기로 해서 그대로 따라하다

예 조상들의 지혜를 본받기 위해 열심히 고사성어를 공부했다.

유배지 | 명 죄를 지은 후에 가야 하는 도시에서 멀리 떨어진 장소

예 단종은 유배지에서 죽었다.

이르다 | 동 어떤 장소나 시간에 닿다

예 그 남자는 회사 일이 너무 많아서 자정에 이르러서야 집에 돌아왔다.

분풀이 | 명 화를 내는 것

예 형은 엄마에게 야단을 맞고 분풀이로 잘못 없는 동생을 때렸다.

견제하다 | 동 어떤 힘을 가해서 상대방이 힘을 못 쓰게 하려는 것

예 그는 마라톤 경주 내내 다른 사람을 견제하며 달렸다.

처지 | 명 한 사람이 놓인 상황

예 지금 제 처지가 좋지 못해서 다른 사람을 생각할 여유가 없습니다.

이복형제 | 명 어머니가 다른 형제

예 우리는 이복형제인 줄 몰랐다.

살해하다 | 동 다른 사람을 죽이다

예 이 사람은 많은 사람을 살해해서 사형을 선고받았다.

귀향 | 명 고향으로 돌아가는 것

예 추석과 설날 귀향 기차표 예매가 시작되자마자 매진이 된다.

사신 | 명 국가의 명령을 받고 외국에 가는 신하

예 다른 나라에서 사신이 오면 좋은 대접을 했다.

깜깜소식 명 소식이나 연락이 전혀 없는 상태

예 친구는 3개월 전에 여행을 갔는데 아직까지 깜깜소식이다.

변방 명 중심지에서 떨어진 가장자리 지역

예 조선시대 때 잘못을 한 신하는 변방으로 쫓겨났다.

발표하기

- **여러분 나라의 유명한 속담이나 전설에는 어떤 것이 있습니까? 한국의 사자성어나 속담 등과 비슷한 것은 어떤 것입니까? 그에 대한 정보를 조사하여 발표해 보세요.**

준비하기

1. 조사 방법

2. 조사 영역(비교 대상 나라명 등)

3. 조사한 여러분 나라의 속담에 얽힌 이야기를 한국어로 다시 써 보세요.

4. 관련 자료 (사진이나 그림)

5. 관련 있는 한국의 이야기를 찾아 써 보세요.

6. 여러분 나라의 이야기와 한국의 이야기의 공통점과 차이점을 비교해 보세요.

공통점	차이점

발표하기

- 한국의 속담에 얽힌 이야기와 여러분 나라의 이야기를 비교하여 발표해 보세요.

09

한국의 문학

09 한국의 문학

어휘

● **다음 빈칸에 들어갈 알맞은 단어를 고르세요.**

1. 어제 새로 산 소파가 (　　　　　　　) 앉았을 때 아주 안락하다.

❶ 말랑말랑해서　❷ 화끈화끈해서　❸ 폭신폭신해서　❹ 소곤소곤해서

2. 어제 스마트폰을 보면서 길을 걷다가 그만 입간판에 세게 다리를 부딪히고 말았다. 어제 부딪힌 곳이 (　　　　　　).

❶ 감실감실했다.　❷ 글썽글썽했다.　❸ 번쩍번쩍했다.　❹ 화끈화끈했다.

3. 나는 일찍이 아버지를 여의었다. 그 후에 어머니는 홀로 어린 오남매를 키우시고 모두 대학 공부까지 시키셨다. 그 때 어머니의 어려움을 어떻게 (　　　　　　) 수 있을까.

❶ 시도할　❷ 부담스러울　❸ 떠오를　❹ 헤아릴

4. 날씨가 너무 덥고 지루해서 학생들이 (　　　　　　) 졸기 시작했다.

❶ 꾸벅꾸벅　❷ 끄덕끄덕　❸ 드르렁드르렁　❹ 쌔근쌔근

5. 하늘에서 함박눈이 (　　　　　　) 내리기 시작했다.

❶ 주룩주룩　❷ 줄줄　❸ 펑펑　❹ 보슬보슬

● **다음 밑줄 친 표현과 <u>반대되는</u> 단어를 쓰세요.**

6. 그 할아버지는 귀가 잘 안 들리시는지 <u>시끄럽게</u> 큰 소리로 이야기하셨다.

7. 아이가 깰까 봐 뒤꿈치를 든 채로 <u>조심조심</u> 집 안을 걸어다녔다.

- 다음 밑줄 친 단어와 바꾸어 쓸 수 있는 단어를 쓰세요.

8. 나의 배우자에 대한 마음은 바뀌지 않는다.

9. 어느 나라나 정치인들의 바르지 못한 타락함이 문제이다.

10. 달빛 아래에서 조용히 시를 소리내어 읽었다.

문형

- 다음 밑줄 친 표현과 바꾸어 쓸 수 있는 표현을 쓰세요.

11. 그렇게 실눈을 뜨고 사람들을 쳐다보면 자신을 싫어한다고 오해하기 십상이다.

12. 텔레비전을 켜 놓은 상태로 잠이 들어 버렸다.

13. 약속을 했는데 지키지 않는 사람과 거래하지 않기로 했다.

읽기

14. 다음 빈 칸에 알맞은 어휘를 쓰시오.

( )

전쟁이 일어난 그 날, 엄마와 나는 ( )을/를 하게 되었다. 당시 피난을 위해 준비된 버스에는 단 한 명만이 탈 수 있었고, 엄마는 어린 나를 억지로 버스에 앉혔다. '이대로 엄마를 영영 못 만나게 되면 어떻게 하지?' 내 머리에서는 한 가지 생각이 떠오른 채 지워지지 않았지만, 입 밖으로 말하면 진짜로 그렇게 될까 봐 두려움을 꾹 참고 눈물만 흘렸다. 엄마는 그런 내 마음을 헤아리는 것처럼 내 손을 꼭 잡아 주셨다. 그것이 마지막이었다.

● **다음을 읽고 물음에 답하세요.**

지금까지 살펴본 문학 작품에 대한 이해와 감상은 다음과 같이 정리해 볼 수 있다. 우선 그 작품에 대한 기본적인 이해이다. 이것은 기본적인 내용, 글 전체의 줄거리가 어떻게 되는지를 작품 안에 들어가 살펴볼 수 있다. 두 번째는 그 내용에 관련된 깊고 넓은 감상이다. 이 문학 작품을 통해 말하고 있는 글의 주제 및 교훈을 이해하고, 이를 우리의 생활에 적용하는 것을 말한다. 세 번째는 문학 작품에 대한 비판적인 감상이다. 작가가 써 내려간 글의 내용에 대해 의문을 갖는 자세가 중요하다. 무조건 그 내용을 다 받아들이고 이해하려고 노력하고자 하는 것보다는 비판적인 눈을 갖고 글의 내용과 관점에 대해 반론을 제기하는 자세가 무엇보다 중요하다. 마지막으로는 작품을 발전시켜 자유롭게 재구성하는 것이다. 이는 글을 쓴 작가뿐만 아니라 글을 읽는 독자도 자유롭게 상상해 볼 수 있는 부분이다. 이를테면 인물의 역할을 바꾸어 본다든가, 다른 양식으로 바꾸어 생각해 보는 시도 등이다.

작품을 이해한다고 하면 뭔가 깊은 뜻을 파헤쳐야 한다는 부담감을 떨쳐내기가 어렵다. 그러나 그런 강박증을 벗어버린다면 우리의 삶을 훨씬 더 다채롭게 만드는 좋은 자료가 된다는 사실을 발견할 수 있다. 이러한 작품을 통해 우리의 생활을 되돌아보고 우리의 삶과 연결지어 가며 읽는다면 문학 작품 감상은 우리의 삶을 더욱 값어치 있고 풍요롭게 만들어줄 것이다.

15. 위 내용과 다른 것을 고르세요.

❶ 독자는 문학 작품을 통해 새로운 것을 창조할 수 있다.

❷ 독자는 전적으로 작가의 생각을 이해하려고 노력하는 자세가 중요하다.

❸ 작품에 대해 기본적으로 이해하려면 그 작품의 전체 이야기를 파악해야 한다.

❹ 작가가 작품을 통해 독자에게 말하고 싶은 것이 무엇인지 살펴보는 것도 중요하다.

16. 다음 내용은 네 가지 감상 방법 중 어느 것에 해당되는지 고르세요.

> 문학 작품을 감상할 때는 작품에서 이야기하고 있는 기본적인 내용에서 벗어나 색다르게 구성할 수도 있다. 상상의 나래를 펼쳐서 각자가 등장 인물이 되어 독백으로 처리할 수도 있고, 권선징악 결론을 다른 각도로 재해석하여 표현할 수도 있다.

❶ 비판적 감상

❷ 깊고 넓은 이해

❸ 자유로운 상상

❹ 기본 내용 파악하기

17. 우리가 각자 춘향전의 등장 인물이 되어서 다른 인물들에게 꼭 해주고 싶은 말을 한마디씩 해보세요.

단어장

대화

시집 — 명 시를 모은 책

예 김소월의 '진달래 꽃' 이라는 시집이 있습니다.

공감 — 명 다른 사람의 감정에 나도 그렇다고 느끼는 느낌

예 이 책은 여자들에게 많은 공감을 불러일으켰다.

괜한 — 부 아무 이유 없는

예 괜한 사람한테 화내지 마세요.

접하다 — 동 소식이나 명령 등을 듣거나 받다

예 우리는 어렸을 때 책을 통해 많은 이야기를 접했습니다.

헤아리다 — 동 짐작해서 미루어 생각하다

예 그 사람은 고향에 갈 날을 헤아려 보았다.

어느새 — 부 모르는 사이에 벌써

예 한국어를 배우기 시작한 것이 어제 같은데 어느새 졸업반이 되었다.

문학 — 명 생각이나 감정을 언어로 표현한 예술. 시, 소설 등이 있다

예 내 친구는 문학을 사랑하는 낭만적인 사람이다.

시도하다 — 동 어떤 일을 이루어 보려고 계획하거나 행동하다

예 우리는 문제를 해결하기 위해 여러 가지 방법을 시도해 보았다.

어휘 확장

말랑말랑 부 매우 또는 여기저기가 야들야들하게 보드랍고 무른 느낌

예 말랑말랑 젤리가 입에서 살살 녹는다.

폭신폭신 부 여럿이 다 또는 매우 포근하게 보드랍고 탄력이 있는 느낌

예 새로 산 슬리퍼가 폭신폭신해서 느낌이 좋다.

화끈화끈 부 몸이나 쇠 따위가 뜨거운 기운을 받아 잇따라 갑자기 달아오르는 모양

예 추운 마당에서 들어와 난로 앞에 앉았더니 얼굴이 화끈화끈 달았다.

읽기

운명적 관 명 운명과 관련되어 있는. 또는 그런 것

예 우리가 이렇게 다시 만난 것은 운명적입니다.

단옷날 명 음력 5월 5일로 한국의 명절 중 하나

예 단옷날에 여자는 창포물에 머리를 감고 그네를 뛰며 남자는 씨름을 한다.

나들이 명 집을 떠나 가까운 곳에 잠시 다녀오는 일

예 날씨가 좋으면 주말마다 나들이를 합니다.

읊다 동 소리를 내어 시를 읽다

예 그 사람은 산에 올라가서 기분이 좋아 시를 읊었다.

아리땁다 형 마음이나 몸이 아름답고 곱다

예 한복을 곱게 입은 아리따운 처녀가 그네를 탔다.

몸종 명 옛날에 집에서 심부름하던 여자

예 옛날에는 시집 갈 때 몸종 한 명을 데리고 가곤 했다.

기생 명 잔치나 술자리에서 노래나 춤으로 흥을 돋우는 것이 직업인 여자

예 기생은 춤을 잘 추고 노래를 잘 불렀다.

양반 명 고려 · 조선 시대 때 지배층을 이루던 신분

예 그 남자는 양반이 아니라서 똑똑했지만 높은 관직에는 오르지는 못했다.

남녀칠세부동석 명 유교의 옛 가르침에서 일곱 살만 되면 남녀가 한자리에 같이 앉지 아니한다는 뜻으로, 남녀를 엄격하게 구별하여야 함을 이르는 말

예 할아버지는 아직도 남녀칠세부동석을 말씀하시며 미혼인 성인 남녀가 손을 잡고 다니는 것을 보시면 심하게 꾸짖으신다.

엄격히 부 말, 태도, 규칙 등이 매우 무섭고 완벽하게

예 싸움이 나면 잘못을 엄격히 따져야 한다.

금지되다 동 법이나 명령 등으로 어떤 행동을 못하게 되다

예 버스정류장에서 담배를 피우는 것은 금지되었다.

생이별 명 이별을 원하지 않는데 헤어지는 것

예 두 사람은 남자가 군대에 가는 바람에 생이별을 하게 되었다.

백년가약 명 =결혼

예 이 두 사람은 백년가약을 맺었습니다.

장원급제 명 옛날 인재를 뽑던 과거시험에서 일등으로 뽑힘

예 이몽령은 장원급제하고 고향으로 돌아갔다.

절개 명 한 남자를 위해 순결을 지키는 여자의 품성

예 옛날에는 죽은 남편을 위해 절개를 지키는 여인에게 열녀문을 세워 주었다.

사또 명 아랫사람이 마을의 지도자를 높여 부르는 말

예 사또가 나타나면 아랫사람들은 모두 고개를 숙였다.

암행어사 명 임금의 명령을 받고 지방 관리의 업무를 살펴보고 백성의 어려움을 개선해 주는 임시 관리

예 암행어사 출두야!

부정부패 명 바르지 못하고 타락함

예 정치인들의 부정부패

저지르다 동 부정적인 행동을 하다

예 그 남자는 범죄를 저지른 후에 사실을 감추기 위해 이름을 바꾸었다.

일편단심 명 진심에서 나오는 변하지 않는 마음

예 여자는 남편이 죽은 후에도 일편단심으로 다른 사람을 만나지 않았다.

수청을 들다 명 여인들이 높은 관리에게 몸을 바치는 일

예 사또는 춘향에게 수청을 들라고 말했다.

폭포 명 절벽에서 떨어지는 물

예 여름에 계곡에 놀러온 사람들이 폭포를 보며 더위를 식히고 있다.

재능 명 어떤 일을 하는 데 필요한 재주와 능력

예 언어적 재능이 뛰어난 사람들이 있지만 노력도 중요하다.

과언 명 지나친 말

예 그 사람을 세계 제일의 화가라 해도 과언이 아니다.

미모 명 아름다운 얼굴 모습

예 이 여자는 어렸을 때부터 뛰어난 미모로 아주 유명했다.

겸비하다 동 두 가지 이상을 가지고 있다

예 그녀는 미모와 지성을 겸비한 여인이다.

품에 넣다 명 두 팔을 벌려 안을 때의 가슴

예 엄마의 사진을 품에 넣고 다닌다.

유혹 명 목적을 가지고 이성을 꼬이는 것

예 그 남자는 아름다운 여자의 유혹에 쉽게 빠졌다.

학문 명 어떤 분야를 체계적으로 배워서 익힘. 또는 그런 지식

예 내 전공 교수님은 학문이 깊다.

벼슬 명 관직에 나가서 나랏일을 하는 자리

예 조선시대 때에는 벼슬에 오르기 위해서 시험을 봐야 했다.

은둔하다 동 세상을 피해 숨어 지내다

예 유명했던 천재 교수는 모든 명예를 버리고 은둔 생활을 하며 지낸다.

제자 명 스승으로부터 가르침을 받은 사람

예 이 스승에게는 아끼는 제자가 두 명이 있다.

흠뻑 부 물이 바깥으로 나올 정도로 몹시 젖은 모양

예 길을 걷다가 소나기를 만나 온몸이 비로 흠뻑 젖었다.

비치다 동 투명하거나 얇아 속이 다 보이다

예 천이 얇아서 그 옷은 속이 다 비칠 것 같다.

사제지간 명 스승과 제자의 관계 (선생님과 학생 관계)

예 사제지간에는 지켜야 하는 예의가 있다.

간직하다 동 생각이나 기억을 마음속에 깊이 담아 두다

예 졸업해도 선생님의 말씀을 깊이 마음속에 간직하겠습니다.

시조 명 옛날부터 내려온 형식이 있는 시

예 선생님은 시간이 날 때마다 학생들에게 시조를 읊어 주셨다.

전통적 관 명 옛날부터 이어져서 내려오는. 또는 그런 것

예 전통적인 생활양식

정형시 명 일정한 형식과 규칙에 맞게 지은 시. 또는 그런 것

예 오늘 국어 숙제는 정형시 한 편을 써 오는 것이다.

동지 명 일 년 중 낮이 짧고 밤이 가장 긴 날. 보통 12월 22일이나 23일

예 옛날부터 동지에는 팥죽을 쑤어 먹곤 했다.

베다 동 칼로 자르거나 끊다

예 길에 있는 나뭇가지가 너무 무성해서 가지를 벴다.

어리석다 형 행동이 똑바르지 못하고 둔하다

예 그 사람은 계속된 어리석은 행동으로 사람들의 신뢰를 잃었다.

겹겹이 부 여러 겹으로

예 날씨가 추워서 옷을 겹겹이 입었다.

발표하기

- 여러분 나라의 유명한 시에는 어떤 것이 있습니까? 그 시를 지은 시인은 어떤 사람이었습니까? 그에 대한 정보를 조사하여 발표해 보세요.

준비하기

1. 유명한 시 선정하기

① 제목:

② 시의 배경:

③ 시인:

④ 그 시를 선정한 이유:

2. 시

① 원문

❷ 한국어로 번역하기

❸ 위 시 중에서 가장 마음에 드는 부분

❹ 배운 내용을 바탕으로 위 ❸에 적절한 의성어, 의태어를 넣어 보세요.

발표하기

● 여러분 나라의 유명한 시인과 시에 대해 발표해 보세요.

제목:

발표자:

10

비유의 표현

10 비유의 표현

어휘

● **다음 빈칸에 알맞은 단어를 고르세요.**

1. 흥미롭지 않은 이야기를 두 시간째 듣고 있자니 머리가 ( ) 아파 온다.

   ❶ 한들한들 ❷ 지끈지끈 ❸ 재잘재잘 ❹ 올망졸망

2. 내 옆에서 바느질을 하던 동생은 바늘에 손가락을 ( ) "아!" 하고 소리를 질렀다.

   ❶ 찔렸는지 ❷ 투입했는지 ❸ 댔는지 ❹ 몰입했는지

3. 요즘 인터넷에는 청소년에게 유해한 사이트가 많기 때문에 청소년들의 ( ) 인터넷 사용을 막기 위하여 불법 유해 차단 프로그램을 설치해야 한다.

   ❶ 무작위의 ❷ 무관심한 ❸ 무의식적인 ❹ 무분별한

4. 환절기가 되면 급작스런 기온 변화로 감기를 ( ) 사람이 부쩍 는다.

   ❶ 앓는 ❷ 엎는 ❸ 엎는 ❹ 옳은

5. 아버지는 몇 년 간 가족들에게 자신의 ( ) 병을 숨겨 오셨다.

   ❶ 관념적 ❷ 영구적 ❸ 치명적 ❹ 지속적

● **다음 밑줄 친 표현과 <u>반대되는</u> 단어를 고르세요.**

6. 오른손잡이가 왼손으로 줄을 그으면 <u>삐뚤어지는</u> 게 당연한 일이지 않나요?

   ❶ 휘다 ❷ 곧다 ❸ 솟다 ❹ 구부러지다

7. 새로 산 방향제의 <u>향이 너무 세서</u> 방의 환기를 한 번 하는 게 좋겠습니다.

   ❶ 미지근하다 ❷ 담백하다 ❸ 선선하다 ❹ 은은하다

8. 이것은 결혼식에 참석해 준 손님께 드리는 답례품으로 다소 과한 경향이 있다.

❶ 화려한 ❷ 약한 ❸ 세밀한 ❹ 귀한

● **다음 밑줄 친 단어와 바꾸어 쓸 수 있는 단어를 고르세요.**

9. 우리는 모처럼 가족 동반으로 모임을 가졌다.

❶ 어쩌다가 ❷ 선불리 ❸ 오랜만에 ❹ 심심찮게

10. 그는 어느 자리에 가든지 돋보이는 의상을 선보여서 사람들의 관심을 한 몸에 받는다.

❶ 눈에 띄는 ❷ 고가의 ❸ 거친 ❹ 성숙한

문형

● **다음 밑줄 친 표현과 바꾸어 쓸 수 있는 표현을 쓰세요.**

11. 공연 후 관람객들의 표정을 보니 공연이 꽤 마음에 든 것 같다.

12. 5주 이상을 결석했으니까 한 학기의 반 이상을 결석한 것과 마찬가지다.

읽기

● **다음 표현들 중에서 알맞은 것을 골라 이야기를 완성하십시오.**

눈 밖에 나다	눈에는 눈, 이에는 이	눈을 붙이다
눈 감아 주다	눈에 거슬리다	눈에 익다

13.

올해 우리 동아리에도 많은 신입 회원들이 들어왔는데 그 중에서 한 명이 유난히 눈에 띄었다. 그 아이는 어디선가 본 듯한 ____________ 얼굴이었다.

하지만 어디서 봤는지 아무리 기억을 해 보려고 해도 떠오르지는 않았다.

그런데 그 아이는 동아리에서 ________________는 행동을 자주 한다. 선배를 만나도 인사를 제대로 안 하고, 사과의 말도 한 번 없이 모임 시간에 걸핏하면 늦게 오고, 심지어 자기가 준비해 와야 할 일도 깜박했다며 넘어갈 때가 한두 번이 아니었다. 동아리에 들어온 지 얼마 안 된 신입회원이라서 선배들은 이런 행동들을 _____________려고 했지만 너무 자주 반복되다 보니 결국 이 아이는 모든 선배들의 ______________게 되었다. 심지어 어떤 선배는 이 아이를 보면 __________________라고 하면서 이 아이를 만나면 인사도 안 하고 함께 만날 일이 있으면 일부러 늦게 가기도 한다.

● **다음을 읽고 물음에 답하세요.**

가벼운 기분전환을 하고 싶을 때 여성들이 주로 많이 하는 것 중 하나가 바로 손톱에 매니큐어를 바르는 네일아트이다. 이 '매니큐어'라는 말의 어원을 살펴보면 '손'을 의미하는 '마누스'와 '돌보다'를 뜻하는 '큐어'가 합쳐진 라틴어로 매니큐어는 사실 손톱에 칠하는 염료가 아니라 손톱을 포함해 손 전체를 관리하는 것을 의미한다고 한다.

이런 매니큐어는 기원전 3,000년경 고대 중국에 이미 등장했는데 누구나 손톱에 색을 입힐 수 있는 것은 아니었다. 중국에서는 고무와 계란 흰자, 밀랍 등을 이용해 손톱을 염색했는데 주로 왕족들이 손톱을 붉게 또는 검게 칠하며 자신의 권력을 과시했다. 또한 당시 손톱의 길이 역시 높은 신분의 상징이었기 때문에 긴 손톱을 강조하고 보호하기 위해 금속을 덧씌우기도 했다.

손과 발의 관리를 중시했던 고대 이집트에서도 매니큐어는 역시 계급을 구별하는 수단이었다. 염료가 비쌌기 때문에 밝고 진한 색상을 칠한 사람들은 높은 신분으로 여겨졌고 옅은 색상은 비교적 낮은 신분을 나타냈다는 것이다. 재미있는 사실은 당시 매니큐어가 남성들에게도 예외는 아니었다는 점이다. 여성들에게 손톱이 주로 미를 뽐내는 방편이었다면 남성의 손톱은 힘과 용맹의 상징이었는데 로마에서는 전투를 앞둔 군 사령관들이 양의 피와 기름을 섞어 만든 염료로 손톱과 입술을 동일하게 칠함으로써 승리를 기원했다고 한다.

14. 위의 글을 읽고 알 수 있는 내용이 아닌 것을 고르세요.

❶ 남성 로마인들에게 손톱은 힘의 상징이 되기도 하였다.

❷ 네일아트의 어원은 고대 중국에서부터 찾아 볼 수 있다.

❸ 고대 중국인의 손톱 길이를 보면 신분을 짐작할 수 있었다.

❹ 고대 중국에서는 손톱 장식이 권력을 과시하기 위한 방법이었다.

15. 위 글의 특징을 잘 설명한 것을 고르세요.

❶ 원인에 따른 결과를 보여주고 있다.

❷ 다양한 예시를 제시하며 설명하고 있다.

❸ 논리적인 근거를 제시하며 주장하고 있다.

❹ 사건의 순서를 시간의 흐름에 따라 보여주고 있다.

단어장

● 대화

지끈지끈하다 동 머리가 쑤시듯이 계속 아프다

예 해결이 안 되는 문제를 놓고 이야기를 했더니 머리가 지끈지끈하다.

모처럼 부 오랜만에

예 모처럼 만난 친구와 이야기를 하다 보니까 벌써 5시간이나 지났다.

삐뚤어지다 동 성격이나 행동이 바르지 않고 잘못된 방향으로 변하다

예 어렸을 때 착했던 그 아이는 학교 성적이 떨어지자 성격이 삐뚤어졌다.

어쩐지 부 어찌 된 까닭인지

예 어쩐지 무슨 일이 있는 것 같더라.

이래 봬도 부 별로 안 좋게 보여도

예 이래 봬도 세상에서 하나밖에 없는 거야.

과하다 형 정도가 지나치다

예 아무리 좋은 음식도 과하게 먹으면 몸에 좋지 않다.

그나저나 부 이렇게 하나 저렇게 하나

예 그나저나 무사히 돌아와야 할 텐데.

눈을 붙이다 표 잠을 자다

예 너무 피곤해서 그러는데 잠깐 눈을 좀 붙이고 다시 시작하겠습니다.

어휘 확장

새털 명 새의 털. 아주 가벼운 것을 비유함

예 그 여자의 몸무게는 새털같이 가벼웠다.

주마등 명 무엇이 빨리 지나감을 비유함

예 우리가 함께 한 10년의 시간이 주마등처럼 지나간다.

찜통 명 뜨거운 김으로 음식을 조리하는 기구

예 한국의 8월은 장마가 끝난 후에 찜통 같은 더위가 시작된다.

쏜살 명 쏜 화살. 매우 빠른 것을 비유함

예 한국에 온지 벌써 3년이 되었다. 시간이 쏜살같이 흘렀다.

읽기

열대우림 명 일 년 내내 비가 많이 오고 기온이 높은 곳에 발달한 울창한 숲

예 브라질의 아마존, 인도네시아, 아프리카 등에는 열대우림이 아주 많다.

허파 명 사람의 몸에서 호흡을 하는 기관

예 공기가 좋지 않은 곳에서 사는 사람의 허파는 깨끗하지 못하다.

이산화탄소 명 탄소가 탈 때 생기는 무색 기체

예 사람은 산소를 들이마시고 내쉴 때 이산화탄소를 뱉는다.

흡수하다 동 바깥에 있는 것을 안으로 모두 가져오다

예 나무는 공기 중의 이산화탄소를 흡수한다.

산소 명 공기의 주성분으로 맛, 색깔이 없는 것

예 나무는 이산화탄소를 흡수하고 산소를 뱉는다.

내뿜다 밖으로 내보내다

예 담배 연기를 내뿜으며 걸어 가는 사람들 뒤에 있으면 담배 연기를 다 마시게 된다.

지구 온난화 명 지구의 기온이 점점 올라가는 현상

예 지구 온난화로 인해 빙하가 녹아서 섬이 사라질 수 있다.

열병 명 열이 심하게 오르는 병

예 많은 사람들이 바이러스로 인해서 열병에 걸렸다.

앓다 동 병에 걸려 고통을 겪다

예 열병을 앓고 있는 사람에게는 해열제를 주어야 한다.

무분별하다 형 분별이 없다

예 무분별한 개발로 인해 자연이 파괴되었다.

벌채 명 나무를 베는 것

예 무분별한 벌채로 자연이 파괴되었다.

지조 명 원칙과 신념을 버리지 않고 꿋꿋이 지켜가는 의지

예 그는 작은 이익의 유혹에 넘어가서 지조를 버렸다.

쓸모 명 쓰이게 될 부분

예 세상에 있는 모든 것은 다 쓸모가 있어.

지극하다 형 더할 수 없이 극진하다

예 그 사람은 효성이 지극하다.

(세월을) 거치다 동 어딘가를 지나거나 들르다

예 한 나라의 문화는 오랜 세월에 거쳐서 이루어졌다.

한들한들 부 가볍게 이리저리 흔들리는 모양

예 바람에 나뭇잎들이 한들한들 흔들린다.

순정 명 순수한 감정이나 애정

예 그는 한평생 한 여자에게 순정을 바쳐 사랑했다.

은은하다 형 향기나 모습이 진하지 않지만 계속되다

예 안개 속에 저 멀리 산이 은은하게 보인다.

간절하다 형 무언가를 바라는 마음이 절실하다. 매우 필요로 하다

예 그 사람은 소원을 간절하게 빌었다.

돋보이다 동 다른 것과 비교했을 때 두드러지고 훌륭해 보인다

예 그 사람은 돋보이는 노래 솜씨로 사람들의 인기를 끌었다.

희생 명 다른 사람이나 어떤 목적을 위해 자신의 목숨, 재산 등을 바침

예 우리는 조상들의 희생으로 지금 평화롭게 살 수 있게 되었다.

찔리다 동 뾰족한 것으로 크게 자극을 받다

예 바느질을 하다가 바늘에 손가락이 찔렸다.

양면성 명 한 가지 사물에 있는 두 가지 서로 다른 성질

예 사람에게는 천사와 악마의 양면성이 있다.

투박하다 형 화려하지 않고 말이나 행동, 모양 등이 거칠다

예 그 남자는 투박한 말투로 말하지만 마음은 그 누구보다 따뜻하다.

유혹 명 꾀어서 좋지 않은 길로 빠지게 함

예 한 순간의 실수로 술과 도박의 유혹에 빠질 수 있다.

치명적 관 명 생명을 위협하는 것

예 그 약은 많이 먹으면 생명에 치명적이기 때문에 조금만 먹어야 한다.

발표하기

● **여러분 나라의 비유 표현에 대해 발표해 보세요.**

1. 아주 더운 날씨에 대한 비유 표현들

한국 : 찜통 더위, 찌는 듯이 덥다.

의미 : 찜통은 뜨거운 김으로 음식을 찌는 조리기구인데, 날씨가 너무 더워 뜨거운 김을 쐬는 것 같은 기운이 느껴진다는 의미이다.

2. 매우 빠른 것에 대한 비유 표현들

한국 : 시간이 쏜살같이 지나다.

의미 : 쏜살은 쏜 화살이라는 의미로, 화살은 쏘자마자 보이지 않을 정도로 빨리 앞으로 나아가기 때문에 시간이나 어떤 사람, 물체가 빨리 지나가는 모습을 비유적으로 나타낸다.

11

신문과 뉴스

11 신문과 뉴스

어휘

● **다음 빈칸에 알맞은 단어를 고르세요.**

1. 오랜 외국 생활 덕분에 (   ) 외국어가 서너 개 정도 된다.

① 과묵한 ② 절박한 ③ 능통한 ④ 소박한

2. 다음 모임 날짜가 공휴일과 겹치는 바람에 모임 날짜를 (   ) 필요가 생겼다.

① 경영할 ② 배치할 ③ 다스릴 ④ 조정할

3. 체중의 큰 변화 없이 몸무게를 (   )하는 것만으로도 훌륭한 건강 관리가 될 수 있다.

① 유지 ② 지연 ③ 지속 ④ 평지

4. 집안 (   )이 어려워지자 그는 대학교를 그만두고 돈벌이에 나서기로 했다.

① 시세 ② 세력 ③ 형편 ④ 형상

5. 우리 회사에는 새로운 영업 방침에 따라 새로운 인물들로 영업팀을 새로 (   ).

① 조직하였다 ② 방출하였다 ③ 성장하였다 ④ 해설하였다

● **다음 밑줄 친 표현과 반대되는 단어를 고르세요.**

6. 이 매장은 오후 6시 전에는 손님들로 <u>복잡하고 북적거리는</u> 것에 반해 6시 이후에는 전혀 다른 모습이다.

① 시끌벅적하다 ② 한가하다 ③ 소란스럽다 ④ 정신없다

7. 오늘 두 정상의 만남은 두 나라 간의 <u>화해</u>를 의미한다고 본다.

① 평화 ② 간섭 ③ 쟁취 ④ 분쟁

8. 어떠한 어려운 상황에서도 희망을 잃지 않는 긍정적인 자세가 가장 중요하다.

① 좌절하다 ② 촉진하다 ③ 잠잠하다 ④ 머무르다

● **다음 밑줄 친 단어와 바꾸어 쓸 수 있는 단어를 고르세요.**

9. 새로운 전염병이 널리 퍼지기 전에 정부가 발 빠른 대응을 해야 한다.

① 확산되다 ② 확정되다 ③ 확대되다 ④ 확장되다

10. 한번 목표를 세운 이상 그 목표를 이루기 위하여 최선을 다 해야 한다는 것을 명심하십시오.

① 개발하다 ② 미완성하다 ③ 달성하다 ④ 발달하다

11. 저는 보는 눈이 없으니까 제 선택을 믿지 말고 스스로 선택해 보세요.

① 시력 ② 안목 ③ 시각 ④ 목격

문형

● **다음 밑줄 친 표현과 바꾸어 쓸 수 있는 표현을 쓰세요.**

12. 막상 그 사람에게 이야기를 직접 듣고 보니 오해가 있을 만했다는 것을 알게 되었다.

13. 업무는 정신적으로 신경을 너무 많이 써야 해서 스트레스를 받을 수밖에 없다.

읽기

● **다음을 읽고 물음에 답하세요.**

어제 오전 9시 45분쯤 안개가 짙게 낀 인천시 신공항고속도로 영종대교 서울 방향 3.8km 지점에서 버스와 승용차 등 차량 106대가 추돌했다. 이 사고로 김모(51)씨 등 2명이 숨지고 63명이 중경상을 입어 인근 지역 병원으로 옮겨졌는데 이들 가운데 18명의 외국인도 포함되어 있다.

사고가 나자 경찰은 오전 10시부터 인천공항 방향 1차로를 제외한 다섯 차로를 모두 통제하고 수습에 나섰으며, 5시간여 지난 오후 3시 12분에 차로를 다시 개통했다. 이 5시간여 동안 사고 현장은 형체를 알아보기 힘들 정도로 부서지고 뒤엉킨 차량들과 부상자들로 아수라장이었다.

이날 사고는 서울 방향 편도 3차로 중 1차로를 달리던 한모(62)씨의 택시가 뒤에서 달려온 택시에 들이받히면서 일어난 것으로 추정됐다. 이 충격으로 한 씨의 택시가 2차로로 튕겨나갔고, 마침 2차로에서 달려오던 공항 리무진 버스에 부딪쳤다. 이어 그 뒤를 따라오던 차들이 연이어 앞차를 들이받았다.

사고 당시 이 일대에는 안개가 짙게 끼어 가시거리가 십여 미터에 불과했다. (ㄱ)<u>영종대교 일대는 바다를 끼고 있다 / 평소에도 바다 안개가 자주 낀다.</u> 경찰은 안개로 앞이 잘 보이지 않는 상황에서도 속도를 줄이지 않은 차들이 순차적으로 앞차를 들이받으면서 사고가 발생한 것으로 보고 정확한 원인을 조사 중이다.

14. 위의 글의 내용과 <u>다른</u> 것을 고르세요.

① 이 사고로 사망자가 있었다.

② 이 사고로 모든 차로를 통제하였다.

③ 이 사고는 앞이 잘 안 보여서 일어나게 되었다.

④ 택시와 공항 리무진의 추돌이 첫 번째 추돌이었다.

15. (ㄱ)을 한 문장으로 연결하시오.

단어장

● 대화

비결 명 세상에 알려지지 않은 나만의 뛰어난 방법

예 불고기를 맛있게 만드는 비결을 알려주세요.

형편 명 살림살이의 상황

예 그 사람은 어려운 가정 형편 때문에 학교에 가기 어려웠다.

한가하다 형 시간적으로 여유가 있다

예 요즘 일이 없어서 한가하게 지내고 있어요.

능통하다 형 어떤 일을 전문가처럼 잘하다

예 그 사람은 한국어에 정말 능통해서 졸업을 하자마자 한국 회사에 바로 취직이 되었다.

왕도 명 어떤 어려운 일을 해내기 위한 쉬운 방법

예 모든 일에는 왕도가 없다.

확고히 부 태도나 상황 등이 튼튼하고 굳게

예 그 사람은 열심히 노력한 끝에 자신의 전문 분야를 확고히 다졌다.

전환점 명 다른 방향이 되는 계기

예 한국어를 만난 것은 내 인생의 전환점이 되었다.

좌절하다 동 마음이나 기운이 꺾이다

예 아무리 힘들어도 좌절하지 말고 다시 일어나야 한다.

어휘 확장

약자 명 여러 글자로 된 말의 일부를 생략하여 만든 글자

예 UN은 United Nations의 약자이다.

평화 명 평온하고 화목함

예 세계 평화를 위해서는 전쟁이 없어야 한다.

국제기구 명 국제적인 일을 하기 위해 만든 조직

예 국제기구는 세계 평화를 유지하기 위해 설립되었다.

간섭 명 직접 관계가 없는 남의 일에 부당하게 참여함

예 남의 일에 지나치게 간섭하면 안 된다.

민간단체 명 정부 기관에 속하지 않은 일반 사람들이 만든 단체

예 이번 환경 캠페인은 민간단체에서 주관하는 행사이다.

조직하다 동 어떤 목적을 이루기 위해 집단을 만들다

예 학생들이 스스로 공부모임을 조직했다.

직후 명 일이 일어난 바로 그 후

예 전쟁 직후 많은 사람들이 집이 없어서 거리로 나왔다.

원자력 명 원자핵 에너지

예 원자력은 수력, 화력에 이어 중요한 에너지원이 되고 있다.

고통 명 몸이나 마음의 아픔과 괴로움

예 전쟁 이후 많은 사람들이 고통을 받고 있다.

분쟁 명 두 사람이나 나라 간의 다툼

예 두 나라 사이에 영토 분쟁이 오랫동안 있어 왔다.

마찰 명 서로 부딪히는 것

예 두 돌을 계속 부딪힌 결과 마찰에 의해서 열이 생겼다.

조정하다 동 분쟁을 중간에서 화해하게 하거나 타협점을 찾게 하다

예 회사측과 노동자 사이의 분쟁을 조정하기 위해 정부가 나섰다.

공동 명 둘 이상의 사람이나 단체가 함께 일을 하는 것

예 한국과 미국은 공동 연구를 통해 환경 문제를 해결하기로 했다.

관리 명 어떤 일을 맡아서 처리함

예 돈을 잘 관리하기 위해서 전문 상담가를 만났다.

설립 명 어떤 기구나 단체를 만드는 것

예 세계 평화를 위해 국제기구를 설립했다.

무역 명 지방과 지방, 나라와 나라 사이에 물건을 매매하는 일

예 이번 경제학 시간에는 아시아와 유럽의 무역을 공부했다.

촉진 명 어떤 것을 빨리하게 함

예 정부는 경제를 촉진하기 위한 다양한 정책을 내놓았다.

금융 명 돈을 움직이는 일

예 경제를 촉진하기 위해 외국인에게 한국의 금융 시장을 개방했다.

읽기

방문단 명 방문하기 위하여 조직한 단체나 집단

예 북한 방문단은 북한에 고향을 둔 사람들로 구성되었다.

군비 명 전쟁을 위하여 갖춘 군사 시설이나 장비

예 대통령은 군비 강화를 위하여 여러 가지 전략을 내놓았다.

교류 명 문화나 사상 등이 서로 통하다

예 동양과 서양의 교류로 문화가 눈에 띄게 발전하였다.

산하 명 어떤 조직이나 세력 아래에

예 교육부 산하의 단체들이 모두 모여 회의를 했다.

분야 명 여러 갈래로 나누어진 범위나 부분

예 오늘은 경제 분야의 전문가를 모시고 이야기를 나누어 보겠습니다.

안목 명 사물을 보고 분별하는 능력

예 기업가는 좋은 사람을 볼 수 있는 안목을 키워야 한다.

정세 명 일이 되어가는 형편

예 세계가 한반도의 정세를 살피고 있다.

머무르다 동 더 나아가지 못하고 그 자리에 계속 있다

예 한참 동안 하위권에 머물렀던 성적이 드디어 오르기 시작하였다.

활약하다 동 활발히 활동하다

예 이 선수는 은퇴한 후에 연예인으로 방송계에서 활약하고 있다.

감염 명 나쁜 세균이나 병이 몸에 들어와서 점점 커짐

예 바이러스에 감염되면 이것을 없애기 위한 주사를 맞아야 한다.

잠잠해지다 동 소란하던 분위기나 소리가 점점 작아지다

예 선생님은 교실 분위기가 잠잠해질 때까지 기다렸다가 수업을 시작했다.

확산되다 동 널리 퍼지다

예 치료약을 개발하지 못하고 신종 바이러스가 점점 확산되고 있다.

격감 명 수량이 갑자기 줄어듦

예 올해부터 생산량이 반으로 격감되었다.

대처하다 동 어떤 정세나 사건에 대하여 알맞은 조치를 취하다

예 국제 정세 변화에 발 빠르게 대처할 줄 알아야 한다.

향후 명 이후

예 물건 구입 후 향후 3년 간 무상으로 수리 받을 수 있다.

소요되다 동 필요로 되거나 요구되다

예 강릉까지 약 세 시간 소요될 것으로 예상됩니다.

천문학적 관 명 수가 엄청나게 큰. 또는 그런 것

예 그 금액은 일반 사람들은 상상할 수 없는 천문학적 금액이다.

감축 명 덜어서 줄임

예 경기가 안 좋아 직원을 대폭 감축할 예정이다.

강화 명 세력이나 힘을 더 강하고 튼튼하게 함

예 이번 한 주일 동안 체력 강화 훈련에 들어간다.

개최하다 동 모임이나 회의 등을 주최하여 열다

예 한국은 1988년에 올림픽을 개최했다.

달하다 | 동 일정한 수량, 정도에 이르다

예 서울의 인구는 천 만 명에 달한다.

과도하다 | 형 정도에 지나치다

예 요즘 회사들이 과도한 경쟁으로 물건값을 낮추고 있다.

학업 | 명 학교에서 지식을 배우기 위해 공부하는 일

예 가정 형편이 어려워서 대학교 학업을 중도에 포기했다.

누리다 | 동 생활 속에서 마음껏 즐기다

예 혼자 여행을 하며 자유를 누리고 있다.

극심하다 | 형 매우 심하다

예 비가 안 와서 농촌은 가뭄이 극심하다

증진하다 | 동 기운이나 세력을 점점 늘려가게 하다

예 견과류를 적당히 먹으면 기억력을 증진할 수 있다고 한다.

권고하다 | 동 어떤 일을 하도록 권하다

예 그림을 잘 그리는 학생에게 미술 대학에 가보라고 권고했다.

미취학 | 명 아직 학교에 들어가지 못함

예 이번 행사는 미취학 아동을 위한 것이다.

양립하다 | 동 두 가지가 동시에 따로 성립하다

예 의무와 권리는 양립하기 어렵다.

미치다 | 동 거리나 수준이 일정한 정도에 이르다

예 합격 점수에 미치지 못하고 시험에 떨어졌다.

대비되다 | 동 두 가지의 차이를 알 수 있게 서로 비교되다

예 친구와 나는 외모에서 대비된다.

발표하기

- 여러분 나라에서 요즘 가장 이슈가 되는 것은 무엇입니까? 그 뉴스에 대해 발표해 보세요.

준비하기

1. 정치계 뉴스

2. 경제계 뉴스

3. 사회 · 문화계 뉴스

4. 연예계 뉴스

발표하기

- 준비하기 단계의 뉴스 중 하나를 골라서 쓰고, 발표해 보세요.

12

취업과 면접

12 취업과 면접

어휘

● **다음 빈칸에 알맞은 단어를 고르세요.**

1. 단점을 (   ) 장점으로 만들 수도 있다.

   ① 보완하여　② 보상하여　③ 완성하여　④ 성숙하여

2. 모든 사람들의 입맛이 다르므로 (   ) 음식이 다른 것은 당연한 일이다.

   ① 강화하는　② 선호하는　③ 약화하는　④ 선발하는

3. '작가와의 만남' 시간에서 작가는 자신의 작품 세계에 대하여 짧게 (   ).

   ① 연설하였다　② 지도하였다　③ 보충하였다　④ 언급하였다

4. 자신의 이름이 (   ) 대기실에서 나와 오른쪽 계단으로 올라오십시오.

   ① 서명되면　② 호명되면　③ 개명되면　④ 발명되면

5. 처음과 끝이 같지 않은 저런 (   ) 없는 태도 때문에 그 사람의 진짜 마음을 읽어내기가 정말 어렵다.

   ① 일관성　② 객관성　③ 주관성　④ 적극성

● **다음 밑줄 친 표현과 <u>반대되는</u> 단어를 고르세요.**

6. 이번 시험문제는 다소 <u>까다롭고 복잡해서</u> 평균 점수가 낮아질 게 뻔하다.

   ① 완만하다　② 민감하다　③ 평이하다　④ 가파르다

7. 나는 다행히 여러 참가자 중에서 <u>실력이 떨어지는</u> 편은 아니었기 때문에 나 자신에게 실망스럽지는 않았다.

   ① 합격하다　② 치솟다　③ 뒤처지다　④ 우수하다

● **다음 밑줄 친 단어와 바꾸어 쓸 수 있는 단어를 고르세요.**

8. 그 시기에 다른 문화와 접촉이 시작되면서 새로운 문화가 <u>들어오게 되었다.</u>

① 도입되다 ② 가입되다 ③ 영입되다 ④ 투입되다

9. 모든 경기에는 어느 한 편에만 <u>이롭지</u> 않도록 엄격한 규칙과 공정한 심판이 필요하다.

① 세밀하다 ② 정밀하다 ③ 유리하다 ④ 불리하다

10. 이번 대회에서 실패를 했다면 제도를 탓하지 말고 자신의 <u>능력</u>이 부족했음을 깨달아야 한다.

① 역량 ② 정세 ③ 심층 ④ 역경

문형

● **다음 밑줄 친 표현과 바꾸어 쓸 수 있는 표현을 쓰세요.**

11. 우리 팀은 3주 동안 함께 살다시피 하며 연습한 결과 드디어 우리의 목표를 <u>이루고야 말았다.</u>

12. 내일이면 벌써 11월에 접어드니 올해 <u>시집갈 가능성은 전혀 없구나!</u>

● **다음 상황에서 여러분은 어땠습니까?**

13. 여러분은 어떤 일이나 상황이 닥쳤을 때 너무 긴장한 나머지 머리가 하얘진 경험이 있습니까? 그 때의 이야기를 써 보세요.

읽기

● 다음을 읽고 물음에 답하세요.

요즘 취업 현장에서는 틀에 박힌 면접 훈련만으로는 살아남기가 어려워졌다. 취업 면접 자리에서의 예상 질문을 더 이상 예측하기가 어려워졌기 때문이다. 순발력과 창의력, 재치는 물론이고 그 사람의 기본적인 인성과 가치관을 엿볼 수 있는 이색적인 면접 질문들이 쏟아져 나오고 있다.

다음과 같은 면접 질문에 과연 당황하지 않고 잘 대처해 나갈 수 있을까? 너무나 당혹스러운 나머지 답변도 제대로 못하고 면접을 망치게 되는 것은 아닐까? 지금 당장 내게 주어진 질문들이라고 생각하고 성공적인 면접을 위하여 자신만의 개성 있는 답변을 준비해 보자.

- 당신은 지금 막 지구에 도착한 화성인입니다. 지구에서 맞닥뜨릴 각종 문제들을 어떻게 풀 건가요?
- 당신이 길에 서 있는 표지판이 된다면, 어떤 표지판이 되길 원하십니까?
- 말만 한 오리 한 마리와 싸우는 게 나을까요, 오리만 한 말 100마리와 싸우는 게 나을까요?
- 맨홀 뚜껑이 둥글게 생긴 이유를 설명해 주십시오.
- 3차 대전이 일어나 열 명만 살아났는데 끝까지 살아남기 위해선 일곱 명만이 과학자가 개발한 캡슐로 들어가야 한다. 현재 변호사와 그의 아내, 대학 1학년 여대생, 프로축구 선수, 소설가, 지성파 여배우, 과학자, 경찰, 목사, 유학생 등 열 명이 있는데 당신이 결정권자라면 어떻게 하겠는가?
- 자신이 얼마짜리 사람이라고 생각하나?
- 당신이 모든 힘을 갖고 있는 신이라면 무엇을 하겠습니까?
- 퇴근 시간이 훨씬 지났는데도 상사가 계속 일을 시킨다면 어떻게 하겠습니까?
- 서울에서 부산까지 만원을 가지고 어떻게 가겠습니까?

14. 위의 글에 어울리는 제목을 지어 보세요.

15. 위의 주어진 질문 가운데 세 가지를 골라 답변해 보세요.

질문:
답변:

질문:
답변:

질문:
답변:

단어장

대화

면접 | 명 직접 만나서 성격과 능력을 평가하는 시험

예 입사하려면 필기시험과 면접을 통과해야 한다.

말이 씨가 되다 | 그냥 한 말이 큰 문제의 시작이 될 수 있다는 뜻

예 안 될 거라는 말이 씨가 되어 버렸다.

머릿속이 하얘지다 | 충격이나 긴장으로 생각이 나지 않는 상황을 뜻한다

예 무대 위에 서자 할 말이 생각나지 않고 그냥 머릿속이 하얘져 버렸다.

(말을) 더듬다 | 동 말을 하거나 글을 읽을 때 순조롭게 나오지 않고 자꾸 막히다

예 그는 많은 사람 앞에 서면 긴장하여 말을 더듬곤 한다.

진로 | 명 앞으로 나아갈 길

예 대학 4학년이 되면 진로 문제로 고민이 많다.

평이하다 | 형 까다롭지 않고 쉽다

예 시험 문제는 대체로 평이했다.

버벅대다 | 동 행동이나 말을 자연스럽게 하지 못하고 틀리거나 머뭇거리다

예 짝사랑하는 그녀가 오자 그는 긴장해서 대답도 못하고 버벅댔다.

읽기

숙지하다 | 동 익숙하게 또는 충분히 알다

예 주의 사항을 숙지하고 시험을 시작했다.

이념 명 무언가를 관리하고 운영하는 데 있어 기준이 되는 기본적인 생각

예 그 자동차 회사는 사회 봉사를 경영 이념으로 삼았다.

연혁 명 무엇이 변해 온 과정

예 홈페이지에 가면 회사 소개와 회사 연혁을 볼 수 있다.

대표자 명 기관, 단체를 대표하는 사람

예 회장은 이 회사의 대표자이다.

민감하다 형 자극에 빠르게 반응을 보이거나 쉽게 영향을 받는다

예 내 피부는 민감한 편이라서 환경이 바뀌면 항상 문제가 생기곤 한다.

호명되다 동 이름이 불리다

예 선생님이 호명을 하면 학생은 크게 대답하세요.

단정하다 형 옷차림이나 몸가짐이 얌전하고 바르다

예 자리에 어울리지 않는 그의 단정하지 못한 옷차림이 눈에 거슬렸다.

구사하다 동 언어를 자유자재로 표현하여 사용하다

예 오랜 외국 생활로 4개 국어를 자유롭게 구사할 수 있는 능력이 생겼다.

일관성 명 하나의 방법이나 태도로써 처음부터 끝까지 한결같은 성질

예 토론의 진행자가 일관성 없게 진행을 했기 때문에 토론자들이 혼란을 느꼈다.

유연하다 형 성격이 침착하고 여유가 있다

예 우리는 달라진 상황에 유연하게 대처할 필요가 있습니다.

학벌 명 출신 학교의 사회적 지위나 등급

예 요즘은 학벌보다는 전문적인 실력을 더 중요시 여기는 사람이 많다.

실무 경험 명 실제 업무를 해 봄

예 실무 경험이 많아 어려운 일도 순발력 있게 잘 처리한다.

인재 명 어떤 일을 할 수 있는 훌륭한 능력을 갖춘 사람

예 이 사회의 진정한 인재는 어떤 사람일까?

확대하다 동 모양이나 크기를 더 크게 하다

예 올해부터 신입 사원을 확대하여 모집한다고 한다.

비중 명 전체에서 차지하는 정도

예 대부분의 기업에서는 필기시험보다는 면접 비중이 더 커지고 있다.

하향 조정하다 어떤 실정에 맞게 기준을 낮게 수정하다

예 응시자의 시험 결과가 예상보다 낮아 합격 점수를 하향 조정했다.

추세 명 어떤 현상이 일정한 방향으로 나아가는 경향

예 요즘 집값이 계속 오르는 추세이다.

우수하다 형 여럿 가운데 뛰어나다

예 노력 끝에 나는 우수한 성적으로 졸업을 할 수 있었다.

도입되다 동 기술, 방법, 물자 등을 끌어 들이다

예 이 지역은 바다와 인접해서 외국 문화가 도입되기 쉬웠다.

역량 명 어떤 일을 해낼 수 있는 힘

예 그 일을 맡기에 아직 제 역량이 부족하다고 생각합니다.

우대하다 동 특별히 잘 대우하다

예 본 공연 입장권은 외국인을 우대하여 판매하고 있습니다.

세밀히 명 자세하고 꼼꼼하게

예 우리는 모든 자료를 세밀히 분석한 후 발표를 하였다.

측정하다 동 크기나 양을 재다

예 체온을 측정한 후 진료실 앞에서 대기를 했다.

구성하다 동 몇 가지 부분이나 요소들을 모아서 일정한 전체를 이루다

예 가족과 친구는 나의 인생을 구성하는 전부이다.

강화하다 동 세력이나 힘을 더 강하고 튼튼하게 하다

예 학교 측은 학생들의 질서를 위하여 규율을 더 강화하였다.

언급하다 동 어떤 문제에 대하여 말하다

예 막상 우리는 그 문제에 대하여 한 마디도 언급하지 못했다.

통과하다 동 검사, 시험 등에서 기준이나 조건에 맞아 합격하다

예 좋은 성적으로 모든 시험을 통과했다.

발맞추다 동 여러 사람이 행동이나 말을 목표나 방향을 향하여 일치시키다

예 모두가 마음을 모으고 발맞추어 일을 해야 이번 일을 성공할 수 있다.

원어민 명 해당 언어를 모국어로 사용하는 사람

예 영어 수업에서 원어민 교사가 영어를 가르친다.

답변하다 동 대답하다

예 그런 질문에 어떻게 답변해야 할지 모르겠어요.

기획하다 동 일을 계획하다

예 이번에 기획한 연주회는 성공적이었다.

유리하다 형 이익이 있다.

예 이 게임은 아무래도 키가 큰 사람에게 유리한 게임이 될 것이다.

심층 명 겉으로 드러나지 않은, 사물이나 사건의 내부 깊숙한 곳

예 뉴스에서 며칠 동안 한 사건을 심층 취재하여 보도하고 있다.

모의 면접 명 실제를 흉내내어 해보는 면접

예 실제 면접시험을 보기 전에 모의 면접을 하는 것이 필요하다.

공모전 명 공개적으로 모집한 작품의 전시회

예 환경 아이디어 공모전에 도전을 해 보려고 한다.

입상하다 동 상을 탈 수 있는 등수 안에 들다

예 이 대회는 워낙 큰 대회라서 대상은커녕 입상하기도 힘들다.

보완하다 동 모자라거나 부족한 것을 보충하여 완전하게 하다

예 실패의 원인을 보완하여 다음 기회에 다시 도전하기 바랍니다.

발표하기

- 여러분이 취직하고 싶은 회사에 대해 발표해 보세요.

준비하기

1. 내가 취직하고 싶은 회사

1순위 :

2순위 :

3순위 :

2. 내가 취직하고 싶은 회사에 대한 정보

(회사 홈페이지, 언론에서 본 회사, 사람들 인식 등등)

3. 내가 일하고 싶은 분야와 그 일을 하기 위해 지금 해야 할 일

발표하기

- 내가 취직하고 싶은 회사에 대해 친구들 앞에서 발표할 프리젠테이션 자료를 미리 구성해 보세요.

정답

1과 인상과 느낌

1. ❷
2. ❸
3. ❹
4. ❶
5. ❹
6. ❸
7. ❶
8. ❸
9. ❸
10. ❶
11. 가는 김에
12. 일하다 보니까
13. 두말할 필요 없는
14. ❹
15. ❸

2과 말의 힘

1. ❸
2. ❷
3. ❶
4. ❸
5. ❹
6. ❷
7. ❶
8. ❸
9. ❷
10. ❸
11. 속는 셈 치고
12. 생각하기 나름이다
13. ❷
14. ❸
15. ❹

3과 찬성과 반대

1. ❹
2. ❸
3. ❸
4. ❶
5. ❷
6. ❶
7. ❸
8. ❶
9. ❸
10. ❹
11. 따뜻하기는요
12. 굳이 고기를 드신다면
13. 등을 돌렸어요
14. ❷
15. (예시) 여론의 조작을 막을 수 있다. / 불법 광고나 바이러스를 확산시키는 행위가 줄어들 수 있다. / 청소년이 성인 문화에 노출되는 것을 막을 수 있다.
16. (예시) 네티즌의 표현 자유를 침해할 수 있다. / 개인의 사생활을 침해할 수 있다. / 실명제 도입의 실제 효과에 대해 의구심이 든다.

4과 통계와 그래프

1. ❹
2. ❶
3. ❹
4. ❸
5. ❷
6. 내림세
7. 상승
8. 증가하다
9. 하향
10. ❶
11. ❸
12. 늦게 하는 경향이 있다
13. 덥기에
14. ❷
15. ❹

5과 생활의 지혜

1. ❷
2. ❶
3. ❹
4. ❶
5. ❸
6. 빼다 / 빼고
7. 추상적으로
8. ❶
9. ❷
10. ❹
11. 공부한 만큼
12. 하더니
13. ❹
14. ❶
15. 광고가 매우 많은 시대

6과 풍습과 축제

1. ❹
2. ❹

3. ❶
4. ❸
5. ❶
6. ❶
7. ❸
8. ❸
9. ❹
10. ❹
11. 하기만 하면
12. 이야기하자면
13. 일석이조
14. ❹
15. ❸

7과 삶과 죽음

1. ❷
2. ❸
3. ❶
4. ❹
5. ❹
6. 극심하다
7. 대체
8. ❹
9. ❹
10. 못할지라도
11. 없는데도 불구하고
12. ❷
13. 행복
14. (예시) 인생이 좋은 일도 있고 나쁜 일도 있듯이 여행도 즐거운 일이 있고 힘든 일도 있는데, 힘들다고 가지 않는다면 모든 것이 사라지기 때문이다.

8과 속담과 표현

1. ❸
2. ❹
3. ❶
4. ❹
5. ❷
6. 살해했다
7. 암컷
8. ❷
9. ❶
10. ❷
11. 배가 고파서 그런지
12. 아는 바와 같이
13. 등잔 밑이 어두웠다.
14. ❶
15. 아주 편안한 상태로 어떤 일을 하다

9과 한국의 문학

1. ❸
2. ❹
3. ❹
4. ❶
5. ❸
6. 조용히
7. 성큼성큼
8. 일편단심이다
9. 부정부패
10. 읊었다
11. 오해하고도 남는다
12. 켜 놓은 채로
13. 하고도
14. 생이별
15. ❷
16. ❸
17. (예시) 춘향이: 야, 이도령! 너는 사람이 책임감이 없이 혼자 가 버리고 갑자기 몰래 오면 어떻게 해? 적어도 나한테 와서 자초지종을 이야기해 줘야할 것 아니야!? 넌 정말 치사하고 의리 없는 남자야!

10과 비유의 표현

1. ❷
2. ❶
3. ❹
4. ❶
5. ❸
6. ❷
7. ❹
8. ❷
9. ❸
10. ❶
11. 든 듯싶다
12. 결석한 셈이다
13. ❶ 눈에 익은 ❷ 눈에 거슬리는 ❸ 눈 감아주 ❹ 눈 밖에 나 ❺ 눈에는 눈, 이에는 이
14. ❷
15. ❷

11과 신문과 뉴스

1. ❸
2. ❹
3. ❶
4. ❸
5. ❶

6. ❷
7. ❹
8. ❶
9. ❶
10. ❸
11. ❷
12. 있을 법했다는
13. 스트레스를 안 받을래야 안 받을 수가 없다
14. ❷
15. (예시) 영종대교 일대는 바다를 끼고 있는 탓에 평소에도 바다 안개가 자주 낀다

12과 취업과 면접

1. ❶
2. ❷
3. ❹
4. ❷
5. ❶
6. ❸
7. ❹
8. ❶
9. ❸
10. ❶
11. 이루어냈다
12. 시집가긴 다 틀렸다
13. (예시) 나는 주유소에 들러 기름 넣는 것을 미루다가 결국 기름이 떨어져 길 한복판에서 차가 멈추어 선 적이 있었다. 내 차 뒤에서는 차들이 물밀 듯이 밀려오고 있는데 차가 꼼짝도 하지 않으니 너무 당황스럽고 무서웠다. 빨리 자동차 보험 회사에 전화를 해서 도움을 요청해야 하는 데 너무 당황한 나머지 머릿속이 하얘지면서 내가 가입했던 보험회사 이름이 도무지 떠오르지 않았다. 마음을 가라앉히고 침착하게 자동차 안에 보험 관련 서류가 있는지 찾아보았다. 다행히 차 안에 서류가 있었고 보험회사 긴급 연락처도 찾아볼 수 있었다. 지금 다시 그때를 생각해 보아도 정신이 아찔하다.
14. (예시) 이색 면접 질문 / 면접 준비, 이 정도는 해야 한다 / 성공적인 면접을 위한 준비 등등
15. (자율 답안)